영작과 번역의 기술을 배우는 팝송 영어 5

저자 유현철

영작과 번역의 기술을 배우는 팝송 영어 5

Copyright 2008. Henry Yoo, 유현철

Printed in 2015 by MusicThyme Publishing Co.

지은이 유현철

펴낸 곳 음악의 향기

초판 2015년 9월 22일

등록일 2008년 6월 22일

등록번호 제 2008-5

주소 ; 서울 영등포구 당산동1가 41-3 제2건물 3층

대표전화 0502-111-2020

e-mail   ; hp-english@hanmail.net,

hpenglish@naver.com

값 15,000원

ISDN 978-8994182-186-14740

978-8994182-063 (Set)

글쓴이의 말

　영어는 이제 선택의 외국어가 아니라 필수의 언어가 되고 있다. 대학 입시를 위한 중고생이나 취업을 준비하는 대학생만이 필요로 하는 것이 아니다. 회사를 다니는 직장인이나 자영업자 심지어는 주부들까지도 영어가 필요한 시대이다. 오랫동안 영어를 공부하고 영어를 사용하면서 영어를 배우는 데 보다 효율적이고 효과적인 방법이 있지 않을까 늘 고민하고 많은 생각을 하게 되었다. 그러다가 왜 우리는 10년이 넘게 영어 공부를 하고서도 미국의 7살 어린 아이보다 영어를 못하는 것일까 의문을 갖게 되었고 마찬가지로 한국어를 사용하는 7살 우리나라의 어린 아이는 어떻게 언어를 익히고 구사하는 것일까에 대한 생각으로 발전되었다.

　여기서 우리는 근본적인 의문에 대한 답을 생각하여야 한다. 미국의 어린아이가 과연 단어를 정확하게 알고 언어를 사용하는 것인지, 또 문법을 알고 말하는 것인지, 정확한 발음은 어떻게 알게 되는 것인지?

　어른들도 단어의 뜻을 정확히 알고 말하는 것이 아니다. 어떤 상황에서 어떤 말을 사용한 경험이 지속적으로 축적되어 적용하는 것이다. 문법은 우리말을 하는 우리도 국문법을 알고 말하지는 않는다. 충분히 우리의 말을 배우고 쓰고 익히면서 나중에 문법을 알게 되고 문법은 언어의 규칙을 정리하는데 도움을 주는 것이다. 여기서 보다 효과적이고 효율적인 영어의 학습 방법을 찾게 되었다. 그리고 이 방법을 적용하여 교육을 실시한 결과 대단한 효과를 보게 되었다. 고등학교를 졸업하고 거의 평생 영어를 사용하지 않은 사람의 수준 혹은 대학을 졸업하였다고 하여도 외국인과 한마디도 대화를 하지 못하는 수준의 사람에게 이 방법을 적용하였더니 6개월도 안되어 영작을 술술 하게 되었고 영작을 정확하게 구사한 후부터 자연스럽게 독해가 해결되었으며 회화도 쉽게 해결되었다.

　즉 우리가 영어를 효과적으로 배우는 가장 좋은 방법은 영작을 배우는데 초점을 맞추어야 한다는 것이다. 외국 사람의 발음을 알아듣지 못하여 회화를 못하는 것이 아니라 그보다 우선 말을 못하고 있었던 것이다. 그리고 영작을 하기 위해 영어의 규칙적인 패턴을 이용하게 되었고 영어의 말과 우리말의 차이점을 빨리 익히게 하는 방법을 찾게 되었다.

여기서 제시하는 팝송의 가사를 이용해서 영어의 규칙적인 패턴을 파악하고 문장의 뜻을 이해하며 영어와 우리말의 차이점을 파악한다면 영작이 매우 쉬워질 것이다. 책을 읽고 대화를 나누기 위해서는 언어의 구사 속도 또한 중요하다. 느린 속도로는 대화도 되지 않고 책을 이해할 수도 없기 때문이다. 그래서 속도를 위한 방법도 제시하였다.

어떤 종류의 교육이든 취학 전 아동, 초등학생, 중고교생, 성인 들은 각각 다른 교육 방법을 선택하게 된다. 교육학자들은 성숙 정도에 따라 학습 방법론이 달라야 한다고 주장한다. 그래서 대상에 따라 국가에서는 각각 다른 자격증을 부여하고 있다.
이 책도 중, 고교를 졸업한 성인들에게 적합하도록 구성하였다. 물론 고등학교 학생 정도라면 충분히 이 방법을 터득할 수 있겠지만 아직도 우리나라의 고등학교 학생들은 대학 입시 위주의 공부를 하고 있기 때문에 입시를 위한 영어 학습에는 얼마나 도움이 될지 적용 실험이 필요하다.

이 책의 방법대로 공부를 한다면 불과 1년 안에 영작을 마음대로 구사하고 책을 읽고 이해하며 회화를 할 수 있다고 확언한다. .

유현철

목 차

1. 번역과 영작의 기술을 공부하기 전에

   1.1 왜 영어가 늘지 않는 거지?   6

   1.2 가장 효율적인 영어 공부법은 바로 영작이다   10

2. 번역과 영작의 기술을 배우게 하는 팝송 영어

   2.1 All for the love of a girl   15

      2.1.A 한글부분

         2.1.A-1 영작 1단계 - 문장 찾기와 여러 개로 구분하기

         2.1.A-2 영작 2단계 - 주어, 동사 찾기와 동사의 시제 결정하기

         2.1.A-3 영작 3단계 - 문장의 형식 결정

         2.1.A-4 영작 4단계 - 영어의 Pattern 순서로 위치 변경하기

      2.1.B 영어부분

         2.1.B-1 번역 1단계 - 문장 구분하기

         2.1.B-2 번역 2단계 - 주어, 동사 찾기와 동사의 시제 파악

         2.1.B-3 번역 3단계 - 문장의 형식 파악

         2.1.B-4 번역 4단계 - 복문장의 경우 문장과 문장간의 관계 파악

         2.1.B-5 번역 5단계 - Pattern의 순서로 분리

      2.1.C 주요 문장 분석

   2.2 Don't forget to remember   27
        이하 모두 2.1의 아래 부분과 같은 목차 형태로 반복됨

   2.3 Have you ever seen the rain   43

   2.4 I started a joke   61

   2.5 You raise me up   75

   2.6 Changing partners   91

2.7 　El condor Pasa	105
2.8 　Evergreen	117
2.9 　For the good time	131
2.10 Boxer	149
2.11 My sweet lady	171
2.12 Hey Jude	191
2.13 How deep is your love	211
2.14 Kiss and say 'Goodbye'	227
2.15 And I love you so	251
2.16 Vincent	267

부록 1. 팝송영어 가사	291
부록 2. 영어의 Pattern 순서로 위치 변경 (한글용)	311
부록 3. Pattern의 순서로 분리 (영문용)	313

Chapter 1. 번역과 영작의 기술을 공부하기 전에

Chapter 1. 번역과 영작의 기술을 공부하기 전에

1.1 왜 영어가 늘지 않는 거지?

 영어를 10년 넘게 공부하였음에도 영어가 그다지 늘지 않는 이유는 학습 방법이 잘못 되었기 때문이다. 우리의 교육 내용과 방법은 너무 문장의 해석에 집중한다. 언어는 말이 우선이고 어느 정도 말로 소통한 다음에 문장을 쓰고 읽고 의미를 파악하는 것을 배워야 하는데 우리는 거꾸로 문장을 먼저 배운다. 즉 말을 전혀 배우지 않으니 말을 못하는 것이다.

 말을 한다는 것은 스스로 문장을 만들어 내는 능력을 가졌다는 뜻이다. 어린아이는 단순한 문장을, 성인은 정규 교육을 받게 되면서 점점 복잡한 문장을 만들어 낼 수 있는 능력을 갖게 된다. 그러니까 영어로 말을 하려면 영어의 문장을 만들 줄 알아야 하는 것이다. 한마디로 영작을 배우지 않으면 영어를 배운다고 할 수 없는 것이다. 미국인을 만나서 한마디도 하지 못하는 이유는 알아 듣지 못해서는 두 번째 문제이고 일단 스스로 한 문장도 만들어 내지 못하니까 말을 못하는 것이지 두려움이나 경험 부족이 아닌 것이다. 불과 몇 마디 나누고 나면 바닥 나는 영작 실력으로 대화가 지속될 수 없는 것은 너무나 당연하다.

 영작을 한다는 것은 문장의 구조를 이해하고 패턴을 인식한다는 것이다. 그리고 우리와 다른 언어를 사용하는 미국인 혹은 영국인의 관습이나 개념 나아가서는 보다 영어를 잘하기 위해서는 문화나 역사, 사회적 배경까지도 알아야 그 사람들의 말의 내용을 정확히 이해할 수 있게 된다. 영어는 다른 나라의 말이다. 문화와 풍습이 틀리고 언어를 구사할 때 사용하는 단어의 개념도 우리의 단어와 정확히 일치 하지 않는다. 그러므로 영어를 공부하기 전에 무엇이 한국어와 다른지 정확히 파악하고 있고 이 것을 해결하기 위한 학습의 커리큘럼과 코스웨어 (courseware)가 만들어져야 한다.

 어떤 것을 배우고자 할 때 가장 중요하고 뼈대가 되는 것을 먼저 익히고 그 다음 곁가지를 배워 나가는 순이 되어야 한다. 영어에서 가장 중요한 기본과 뼈대는 문법이 아니고 어순이며 가장 많이 사용하는 단어와 숙어 그리고 영어에만 존재하는 빈번하게 사용되는 그들만의 단어나 표현들이다.

 일단 영어가 우리말과 완전히 다른 점을 먼저 파악하여야 한다. 그러면 어떻게 영어를 공부하여야 효과적이고 효율적이며 기본기를 탄탄히 다지는 것인지를 알 수 있다. 언어학자, 자동

통역기, 사람의 말을 알아 듣는 인공지능 로봇 등에서 어떻게 언어가 분석되고 분류되며 어떠한 방법으로 학습의 효과를 극대화하며 자동으로 프로그램화 하는지를 알면 영어 공부에도 크게 도움이 될 것이다.

첫째, 영어의 어순은 한국어와 다르다.

 우리말은 어순이 그다지 중요하지 않다. 조사가 있기 때문에 어순이 틀려도 의미를 전달하는데는 아무런 지장이 없다. 하지만 영어는 조사가 없기 때문에 어순이 틀려지면 의미가 달라진다. 영어라는 언어는 어순에 의해 의미가 만들어진다.

둘째, 영어에만 존재하는 것들이 있다.

 관계대명사, 관사는 완전히 영어에만 존재하며 전치사, 접속사 일부도 영어에만 존재한다. 그리고 우리에게 없는 동사가 영어에는 있고 형용사나 부사도 마찬가지 이다.
단어의 의미도 정확히 일치 하지 않으며 속담이나 관용적인 표현 등도 영어에만 존재하는 것들이 있다.

셋째, 빨리 읽어야 대화도 하고 책도 읽는다

 영어뿐만 아니라 우리말도 빨리 말해야 대화를 할 수 있다. 느리게 말하면 상대방이 답답해서 대화에 응하지 않을 것이다. 책도 마찬가지이다. 너무 느리게 읽으면 의미 파악을 제대로 할 수 없다. 영어 시간에 선생님이 해석을 하면 문장 하나 하나는 들어 오지만 전체적으로 글의 뜻이 이해되지 않는 것과 마찬가지이다.

 소리 내서 책을 읽어도 책의 내용을 파악할 수가 없다. 그것은 왜냐하면 근본적으로 눈의 속도보다 머리의 속도가 빠르기 때문이다. 눈의 속도와 머리의 속도가 다르면 머리는 다른 곳으로 관심을 바꾸고 만다. 즉 머리가 쉬고 있는 것을 머리는 참지 못한다. 그러니까 대화도 나누고 책도 읽고 신문도 읽으려면 최소한도의 속도를 내지 않으면 진행할 수가 없다. 그러므로 빠르게 읽고 이해하는 훈련을 쌓아야 한다. 영작을 배워야 하는 중요한 이유이다. 우리가 알고 있는 문장, 정확히 이해하고 있는 문장은 읽는 속도가 훨씬 빨리 증가한다.

 입에서 말하는 속도가 눈보다 느리기 때문에 말하면서 이미 눈은 다음 단어에 가 있을 것이고 머리는 그보다 앞서 어떻게 빨리 발음하고 말하고 하는 것까지 생각할 것이다. 그리고 이 부분은 누가 시켜서 하기가 어려운 부분이다. 그러므로 오로지 빨리 읽은 훈련을 위한 것과 빨리 이해하면서 읽는 것은 별도로 분리해서 방법을 찾아야 한다. 재미있게 할 수 있다면 금

상첨화가 될 것이다. 이렇게 명확히 우리말과 다른 부분이 있다는 것을 먼저 유의하여야 한다. 즉 다른 부분을 확실하게 인식하고 구사할 수 있는 방법론이 필요한 것이다.

단어를 알고 말하는 것이 아니다.

 7살 어린 아이가 과연 단어의 정확한 의미를 알고 말하는 것일까? 어른들은 자기가 구사하는 모든 단어의 뜻을 알고 설명할 수 있을까? 한마디로 그렇지 않다. 단어를 구사하는 것이 아니라 이러한 상황에서 이러한 단어나 숙어 혹은 관용적인 표현을 사용할 줄 아는 것이다. 그래서 단어의 뜻만 열심히 외우는 것은 문장을 구사하는데 그다지 도움이 되지 않는다. 단어가 포함된 문장을 외워야 한다. 우리는 패턴 인식을 한다. 단어 하나 하나를 인식해서 의미를 파악하는 것이 아니라 문장 전체를 인식하고 이해한다. 어떤 익숙한 문장은 뒷부분을 읽지 않아도 그 뜻을 이해한다. 바로 그러한 문장들이 속담들이다.

 우리가 퀴즈 시간에 첫 몇 마디만 듣고도 단어나 속담을 맞추는 놀이를 하는 것도 패턴을 인식하기 때문이다. 인공지능 로봇을 개발할 때도 모든 단어를 기억할 수 있도록 데이터베이스에 저장하지 않는다. 그래서는 문장을 구사할 수 없으며 그렇다고 모든 문장을 기억 시킬 수도 없다. 그래서 패턴 인식이라는 방법을 통해 로봇이 스스로 학습하는 프로그램을 만든다. 즉 우리가 말하는 것은 단어의 나열이 아니라 패턴 인식을 하는 것이고 이를 통해 지금도 부단히 새로운 문장의 범위를 넓혀 가는 것이다.

 사람은 기억에 의존한다. 그러니까 기억을 하기 위해서는 반복이 필요하고 연습이 필요하다. 그리고 문장을 좀 더 잘 기억을 유지하려면 우리말과 영어를 같이 동시에 외워야 필요할 때 그 영어의 문장이 쉽게 떠오를 것이다. 보다 쉽게 문장을 외우는 방법은 뒤에서 소개한다.

""아는 것"과 "이해하는 것"은 다르다

 학교나 학원에서 단어가 포함하는 뜻 여러 가지를 열심히 외우지만 실제 회화나 문장에서는 과연 기억이 나서 사용할 수 있을까? 물론 해석을 할 때는 어느 정도 기억이 나겠지만 자기가 사용할 때는 떠오르지 않을 것이다.

 이 것이 "안다"와 "이해한다"의 차이이다. 우리가 신문을 읽을 때 사용하는 단어가 만일 5000단어라면 글을 쓸 때 사용하는 단어는 분명 그보다 훨씬 적은 숫자일 것이다. 이해한다는 것은 완전히 자기의 것으로 소화하여 필요할 때 몸으로 말로 사용할 수 있다는 뜻이다. 예를 들면 우리가 많이 사용하는 속담이나 4字 성어의 경우 알고 있는 것은 무수히 많지만 실

생활에서 필요할 때 잘 구사하지 못하는 것을 알 수 있다. 즉 영어의 독해는 잘 하면서도 회화나 영작을 하지 못하는 것도 마찬가지의 이치이다. 그러니까 영작의 훈련을 하지 않으면 영어가 늘지 않는 것이다. 미국 7살 어린 아이의 발음이 어려워서 듣지 못하는 것은 두 번째 문제이고 자신 스스로가 말도 한마디 못하는 것이다.

영어책에서 사용하는 우리말은 우리말이 아니다

영어책에는 문장을 이해시키기 위해 우리말의 번역을 달아 놓는다. 바로 이 것이 문제이다. 여기서 사용하는 번역의 문장은 실제로 우리가 사용하는 문장이 아닌 국적 불명의 언어이다. 글자만 한글일 뿐이지 그렇게 말하는 사람도 없고 그러한 문장을 사용한 도서는 찾아 볼 수 없다.

예를 들어 보통 영어책에는 "나의 주머니 속에는 동전이 한 개 있습니다." 라고 되어 있다면 우리는 대화에서 이렇게 말하지 않는다. "동전은 내가 갖고 있는데" 혹은 "주머니에 동전이 있지" 라고 할 것이다.

위의 문장으로 영작을 하라면 잘 하는데 아래의 문장으로 영작을 하라면 같은 의미임에도 불구하고 영작을 하지 못한다. 물론 두 문장이 약간 뉘앙스가 다른 것은 사실이다. 그러나 우리가 영작을 하고 대화를 나눌 때 중요한 것은 일단 기본적인 의미 전달 능력부터 갖추고 나서 뉘앙스의 미묘한 차이를 표현할 수 있도록 언어의 구사 능력을 버전업 하여야 하는 것이다. 7살 어린아이가 주머니 속에 동전이 있다는 사실을 표현하는 정도만으로 우리의 영작 혹은 영어의 구사 능력을 1차적 목표로 하는 것이 좋을 것이다.

이렇게 우리가 사용하지 않는 말로 영어를 배우고 영작을 배우기 때문에 해석을 잘하지만 영작을 하지 못하는 것이다.
회화를 못하는 것의 반은 영작을 못하는 것이니까 결국 회화에서도 이 말을 영어로 못할 것이다.

우리가 실 생활에서 사용하는 말을 영어로 바꾸는 훈련이 필요한 것이다. 정확히 표현하면 생활 영어를 배워야 할 것이 아니라 생활 국어를 영어로 표현하는 방법을 배워야 할 것이다. 그래야 필요할 때 즉시 사용할 수 있는 것이다.

영작 훈련이 필요한 또 하나의 중요한 이유이다.

1.2 가장 효율적인 영어 공부법은 바로 영작이다

우리가 10년이 넘게 영어를 공부하였음에도 불구하고 영어가 늘지 않는 이유는 영작을 하지 않기 때문이다. 사실 영작에 거의 모든 답이 있다고 해도 과언이 아니다. 영작을 하면 독해는 저절로 해결이 되고 회화도 거의 저절로 해결될 수 있다. 빨리 속도 있게 말하는 것도 문장의 의미를 아는 것과 밀접한 관계가 있다.

그렇다면 어떻게 영작을 보다 효과적으로 공부할 것인가?
위에서 왜 우리가 영어가 쉽게 늘지 않는지를 파악하였다. 바로 그 문제점을 해결할 수 있다면 가장 효율적으로 영작을 공부하게 될 것이다.

첫째. 영어에는 순서를 나열하는 일정한 패턴이 있다.

영어에서 순서를 나열하는 패턴이 바로 1,2,3,4,5 형식이다. 이 책에서는 형식이라는 표현 대신 패턴이라는 말을 사용할 것이다. 이 것은 법이나 규칙이 아니기 때문에 패턴이라는 말이 정확하다. 또 순서를 바꾼다고 해서 말이 되지 않는 것이 아니라 문장의 의미가 달라지기 때문에 형식이라는 말보다 패턴이라는 말이 더 정확한 표현이다.
영어의 패턴은 다섯 가지가 있으며 각각은 다음과 같다.

Pattern #1   S + V
(주어 + 동사)
Pattern #2   S + V + C
(주어 + 동사 + 보어)
Pattern #3   S + V + O
(주어 + 동사 + 목적어)
Pattern #4   S + V + O + O
(주어 + 동사 + 제1 목적 + 제 2 목적)
Pattern #5   S + V + O + C
(주어 + 동사 + 목적어 + 목적어의 보어)

이 것이 바로 영어의 단어를 나열하는 순서이다. 위에서 알 수 있듯이 가장 중요한 것은

Pattern #1부터 #5까지 (주어 + 동사)가 공통적으로 존재한다는 것이다.

그러므로 (주어 + 동사)만 찾아서 나열하면 영작의 반을 해결할 수 있다. 이 부분이 어려운 이유는 한국어에서 우리는 보통 주어를 생략하고 말하는 경향이 강하기 때문이다. 그래서 처음에는 주어를 찾기 힘들다. 또 하나는 우리말의 주어라고 해서 영어의 주어와 반드시 일치하지는 않는다. 대개의 경우는 맞지만 영어식 표현에서의 주어와 우리말의 주어는 약간 다르다. 이 것은 영작을 하면서 발견해야 하는 부분이다.

그 밖에 부사, 형용사, 전치사들이 문장의 어느 순서에 오는지를 눈 여겨 보아 그 패턴을 알 수 있다면 영작에 큰 도움이 될 것이다. 그러나 실제 상황에서 사용하려면 아는 것만으로는 부족하고 필요할 때 즉각 떠올라야 한다. 그러기 위해서는 문장을 외워야 하는데 그냥 외우는 것보다 이렇게 문장의 구조나 순서를 알면 외우는 데 크게 도움이 된다. 그래서 팝송의 가사는 문장을 외우는 데 큰 역할을 한다.

우리가 어떤 것을 배울 때 소위 "감을 잡는 다"는 말을 곧잘 한다. 이 말은 영어에 있어 패턴을 의미하는 것이다. 어떤 구조나 형태를 파악하게 되어 스스로 무엇인가 창조할 수 있는 단계에 이르렀다는 말일 것이다. 패턴은 규칙이고 일정하게 반복되는 것이므로 영어의 패턴만 알면 일단 복잡하지 않은 패턴의 범위 내에 속하는 모든 문장을 만들어 낼 수 있을 것이다. 바로 이 부분이 영어의 가장 기초에 해당하는 부분이다.

순서와 더불어 존재하는 또 하나의 패턴이 시제이다.

현재, 과거, 미래, 혹은 완료형 등이 문장의 내용을 시기에 따라 분류한 것이고 이러한 시제들의 표현 방법은 시기에 따라 일정한 패턴을 갖는다. 영어는 조사가 없기 때문에 동사를 시점에 맞추어 변화 시키거나 조동사를 활용한다. 조동사는 따로 문법처럼 익히는 것보다 동사와 합쳐서 익혀두는 것이 패턴 인식에 더 좋은 효과가 있으며 실제 대화에 사용할 때도 훨씬 유용하다.

둘째. 영어에만 존재하는 단어나 표현들을 익혀야 한다.

영어에는 우리말에 존재하지 않는 관계대명사, 관사 들이 있고 전치사나, 접속사들 일부도 있다. 또는 동사나 형용사, 부사 등도 영어에만 존재하는 단어가 있으며 속담이나 사자성어처럼 영어에만 존재하는 관용적인 표현들이 있다.

이러한 것들은 외우는 방법 밖에 없다. 그러나 이 역시 문법을 먼저 익히고 문장을 익힐 필요는 없다. 문법은 우리가 어느 정도 문장을 구성할 수 있을 때 나중에 한꺼번에 과학적인 질서와 분류를 정리해주는 것이지 문법을 처음부터 익혀서 문장을 만들어 내기는 너무 힘들다. 말을 한다는 것은 순간적으로 패턴의 문장을 입에서 뱉어 내야지 머리 속으로 생각을 해서 만들어내는 속도로는 대화는커녕 편지도 제대로 한 장 쓰기 어렵다.

이렇게 영어에만 존재하는 표현 역시 영작을 통해서 머리 속에 확실하게 기억 시켜야 한다. 모든 영어식 표현을 다 외우고 익힐 수는 없다. 첫 번째 단계에서는 미국의 7살 어린아이 수준, 생활에 필요한 정도의 수준에 맞추어 필요한 문장 구성력을 목표로 하고 차근차근 실력을 쌓아가면 된다. 영작을 할 때 기본 패턴에 따른 영작 수준에 다다르면 이러한 영어만의 표현을 하나씩 추가하며 익히면서 자기의 것으로 만들어야 한다. 영어 일기, 영어로 메일 쓰기, 한글로 된 간단한 책이나 블로그 등을 영어로 만들어 보기 등을 통해서 지속적으로 영작을 연습하여야 필요할 때 사용할 수 있다.

셋째, 빨리 읽는 연습이 필요하다.

느린 속도로는 대화를 나눌 수 없다. 어느 정도의 말하는 속도를 낼 수 있도록 연습을 하여야 한다. 책을 읽는 것도 마찬가지이다. 너무 책을 읽는 속도가 느리면 오히려 책의 내용을 파악할 수 없다. 두뇌의 속도가 눈이나 말보다 빠르기 때문에 두뇌가 의미를 파악할 수 있는 정도의 속도에 맞추어서 읽어야 내용과 의미의 파악이 가능하다.

너무 읽는 속도가 빠르면 내용 파악은 가능할지 모르지만 정확한 의미 파악이 되지 않는다. 그 것은 우리말로 된 책을 읽을 때도 물론 마찬가지이다.

그러므로 일단 영어의 문장이 파악이 되면 말하는 속도를 낼 수 있도록 지속적인 읽는 연습이 필요하다. 읽으면 발음도 좋아지고 빨리 읽게 되면 들리는 것도 훨씬 잘 들린다. 자기가 정확히 알고 있는 문장을 언어 대화의 속도로 읽게 되면 영어 청취력은 저절로 좋아진다. 들린다는 것은 자기가 아는 것만큼 이해하는 것이다. 아무리 영어 회화를 잘해도 모르는 단어나 문장을 알아 들을 수는 없다.

읽는 속도를 재미 있게 증가 시기기 위해 시간의 목표를 정해 놓고 읽을 때마다 시간을 재서 향상 하고 있는 모습을 스스로 체크하면 재미도 있고 덜 지루하다. 특히 미국 영어는 무척 빠르다. 캘리포니아 중심의 서부 영어는 빠른 영어를 구사하는 것을 매력으로 알고 있을 정도이다. 빨리 영어를 말하면 빨리 말할 때 영어의 발음이 어떻게 변화되는지 느낄 수가 있다.

마치 우리말의 구개음화나 연음 법칙처럼 영어도 빨리 말하게 되면 단어가 연이어 나오면서 발음이 변화되게 되는데 말하는 속도를 높이다 보면 이러한 부분이 저절로 해결될 것이다. 그리고 당연히 말을 할 수 있다면 들리는 것도 아주 쉽게 해결된다.

Chapter 2. 영작과 번역을 배우게 하는 팝송 영어
2.1 All for the love for a girl

Johnny Horton이 발표한 싱글앨범에 들어있는 왈츠풍의 노래이다. 34살의 젊은 나이에 자동차 사고로 요절하였기 때문에 많은 곡을 남기지는 않았지만 컨트리웨스턴 음악을 주로 노래하였고 최우수 컨트리부문 그래미상을 수상한 바 있다. 특히 이 노래는 미국에서는 그다지 알려지지 않았고 빌보드 상위에 오른 적도 없는 평범한 곡이지만 유독 우리나라에서는 많이 불리어졌다.

4분의 3박자 왈츠풍의 이 노래는 Johnny Horton의 가냘프고 애절한 그러면서도 부드러운 목소리와 창법에 의해 소녀들의 심금을 애잔하게 울린다. 그래서 아마 특히 슬픈 곡조를 좋아하는 우리나라 여성들이 즐겨 찾으면서 더욱 알려진 것이 아닌가 여겨진다. 왈츠는 4분의 3박자의 음악으로 한 마디에 4 beat 박자가 3개 존재하는 형태로 음악이 지속된다. 보통 4분의 4박자 노래보다 4 beat 하나가 적기 때문에 약간 부족한 느낌을 주지만 대신 부드럽고 연약한 느낌이 강하다. 서양의 대중음악의 특징이 대개 짝수의 박자에 액센트가 있는데 왈츠만큼은 첫 박자 앞에 액센트가 있다. 앞에 액센트가 있는 국악과 그러한 면에서 비슷하다고 볼 수 있다. 여러 가지 측면에서 우리나라 사람들이 좋아하는 요소가 많다.
비교적 노래의 길이가 길지 않고 화성의 진행이 단순하다. 음폭도 낮은 '시'에서 높은 '레'까지 뿐이고 대부분의 음들은 그 안에서 이루어지기 때문에 노래를 그다지 잘하지 않는 사람도 부담 없이 부르기 좋다. 노래는 애잔하지만 단조가 아닌 장조의 노래이고 기본적으로 코드 3개(으뜸화음, 딸림화음, 버금딸림화음)만 사용해서 연주할 수 있어 기타나 피아노를 배우는 초보자에게 배우기 쉬운 곡이다.

2.1.A 한글 부분

All for the love of a girl

오늘은 내가 너무 지쳐있어요
오늘은 내가 너무 우울하고, 슬프고, 마음이 아파요
이게 모두 당신 때문이에요

인생이 너무 달콤했어요
사랑하는 이여
인생은 노래였습니다.
지금 당신은 나를 남겨두고 떠났어요
오 내가 어디에 안착해야지요?

이 모든 게 사랑스런 작은 한 소녀에 대한
사랑 때문입니다.
사랑을 향한 모든 것 그 것이
당신의 마음을 혼란하게 합니다
나는 인생과 세상의 즐거움을 바쳤을
남자입니다.
이 모든 것은
한 소녀에 대한 사랑을 위한 것입니다

2.1.A-1 영작 1단계 - 문장 찾기와 여러 개로 구분하기

1	오늘은 내가 너무 지쳐있어요
2	오늘은 내가 너무 우울하고 슬프고 마음이 아파요
3	이게 모두 당신 때문이에요
4	인생이 너무 달콤했어요
5	인생은 노래였습니다.
6	당신은 나를 남겨두고 떠났어요
7	내가 어디에 안착해야요?
8	이 모든 게 사랑스런 작은 한 소녀에 대한 사랑 때문입니다
9	사랑을 향한 모든 것 그것이 당신의 마음을 혼란하게 합니다
10	나는 인생과 세상의 즐거움을 바쳤을 남자입니다
11	이 모든 것은 한 소녀에 대한 사랑을 위한 것 (문장은 아님)

2.1.A-2 영작 2단계 - 주어, 동사 찾기와 동사의 시제 결정하기

1	내가 입니다	현재
2	내가 입니다	현재
3	이게 입니다	현재
4	인생은 였습니다	과거
5	인생은 였습니다	과거
6	당신은 떠났습니다	현재완료
6-1	당신은 나를 남겨두고	현재완료
7	내가 안착하지요?	현재
8	이게 입니다	현재
9	모든 것 그것이 합니다	현재
10	나는 입니다	현재
10-1	그가 주었을	가정법과거

2.1.A-3 영작 3단계 - 문장의 형식 결정

1	나는 지쳐 있습니다	P2
2	나는 외롭고, 슬프고 마음이 아픕니다	P2
3	가인칭 입니다	P2
4	인생은 달콤했습니다.	P2
5	인생은 노래였습니다	P2
6	당신은 가버렸고	P1
6-1	나를 남겼습니다	P3
7	내가 안착하지요?	P1
8	가인칭 모두 당신 때문입니다	P2
9	사랑을 향한 모든 것 그게 당신의 마음을 혼란하게 합니다.	P5
10	나는 남자입니다	P2
10-1	그 사람은 바쳤을 것입니다 그의 인생을 그리고 이 세상의 모든 기쁨을	P2

2.1.A-4 영작 4단계 - 영어의 Pattern 순서로 위치 변경하기

no	S	V	C or O	O or C	P
1	나는	입니다	-너무 지쳐서	-오늘	2
2	나는	입니다	-너무 외로워 슬프고 마음이 아파요	-오늘	2
3	가인칭	입니다	-모두 당신 때문		2
4	사랑하는 이여 인생은	였습니다	-너무나 달콤하게		2
5	인생은	였습니다	노래		2
6	당신은	가버렸고			1
6-1	(당신은)	남겼습니다	나를		3
7	-어디에 내가	안착해야 하나요			3
8	가인칭	입니다	-모두 사랑스런 작은 소녀 의 사랑 때문		2
9	사랑을 향한 모든 것	자리잡게 합니다	당신의 마음을	혼란 속에	5
10	나는	입니다	남자(8-1)		2
10-1	그 사람은	바쳤을 것입니다	그(나)의 인생을 그리고 이 세상의 모든 기쁨을		3

2.1.B 영어 부문

All for the love of a girl

Well, today I'm so weary.
Today I'm so blue,
sad and broken-hearted.
And it's all because of you.

Life was so sweet, dear.
Life was a song.
Now you've gone and left me.
Oh, where do I belong?

And it's all for the love
Of a dear little girl.
All for the love
That sets your heart in a whirl.
I'm a man who'd give his life
And the joy of this world
All for the love of a girl.

(* 읽기 목표 시간 – 25초)

2.1.B-1 번역 1단계 - 문장 구분하기

1	I am so weary
2	I am so blue, sad and broken-hearted
3	It is all because of you
4	Life was so sweet
5	Life was a song
6	You've gone
6-1	and left me
7	Where do I belong?
8	It is all for the love of a dear little girl
9	All for the love that sets your heart in a whirl
10	I am a man
10-1	who would give his life and the joy of this world
11	All for the love of a girl (문장 아님)

2.1.B-2 번역 2단계 - 주어, 동사 찾기와 동사의 시제 파악

1	I am	현재
2	I am	현재
3	It is	현재
4	Life was	과거
5	Life was	과거
6	You have gone	현재완료
6-1	and (you have) left me	현재완료
7	I belong	현재
8	It is	현재
9	(All for the love) that sets	현재
10	I am	현재
10-1	who would give	현재

2.1.B-3 번역 3단계 - 문장의 형식 파악

1	I am so weary	P2
2	I am so blue, sad and broken-hearted	P2
3	It is all because of you	P2
4	Life was so sweet	P2
5	Life was a song	P2
6	You have gone	P1
6-1	and (you have) left me	P3
7	Where do I belong	P1
8	It is all	P2
9	(All for the love) that sets your heart in a whirl	P5
10	I am a man	P2
10-1	who would give his life and the joy of this world	P3

2.1.B-4 번역 4단계 - 복문장의 경우 문장과 문장과의 관계 파악

6	You have gone	
6-1	and (you have) left me	6번 문장에 이은 나열 -Pr형
10	I am a man	A man에 대한 설명이 10-1문장
10-1	Who would give his life and the joy of this world	10번 문장 a man을 설명하는 문장으로 Who는 a man을 의미함. 이 경우 who의 의미상의 주어는 선행사인 a man이라고 문법적으로 설명함 -At형

- 복문장의 형태인 Pr형, At형에 대한 설명은
  필자의 저서 - '복문장 영작의 모든 것' 참조

2.1.B-5 Pattern의 순서로 분리

No	S	V	C or O	O or C	P
1	-Well, today *I*	*am*	*so weary*		2
2	-Today *I*	*am*	*so blue,* *sad* and *broken-hearted*		2
3	-And *it*	*is*	*all* *because of you*		2
4	*Life*	*was*	*so sweet* -dear		2
5	*Life*	*was*	*a song*		2
6	-Now *you*	*have gone* and			1
6-1		*left*	*me*		3
7	-Oh, where *do I*	*belong*			1
8	-And *it*	*is*	*all* -for the love -of a dear little girl		2

9	-All for the love that	sets	your heart	in a whirl	3
10	*I*	*am*	*a man*(10-1)		1
10-1	*who*	*would give*	*his life* and *the joy of this world*		3

2.1.C. 주요 문장 분석

I am a man who'd give his life and the joy of this world.

2개의 문장으로 구성
- ✓ I am a man. (1)
    의역 – 나는 한 남자입니다.
    (주어 + 동사 + 주어를 설명하는 말 ; P 2-현재)
    'a man'은 2번째 문장 who를 뜻함

- ✓ Who'd give his life and the joy of this world. (2)
    의역 – (2)누구는 주었을 것입니다 그의 모든 인생과 이 세상의 기쁨을.
    (주어 + 동사 + 동사의 목적어 ; P 3-과거)

    여기서 말하는 'who 누구'는 1번 문장의 'a man' 즉 '나'를 뜻함
    이럴 때 'who'를 문법에서는 관계대명사라고 하는데 넓은 의미로 보면
    'who'로 시작하는 의문문을 붙여 사용한 것과 같다.
    Who'd 는 who would를 줄인 말이고 Who will에서 will의 과거형이므로
    직역을 하면 미래형 will은 '누가 줄 것이다'이고 Will의 과거형 would는
    '누가 주었을 것이다'라는 의미

- ✓ 따라서 위의 2 문장을 해석하면
    직역 – 나는 한 남자이고 그 남자가 자기의 인생과 세상의 기쁨을 주었을
          것입니다.
    의역 – 어떤 한 남자가 있는데 그가 자기의 인생과 세상의 기쁨을 주었을 것입
          니다. 그가 바로 접니다.
         (자기의 인생과 세상의 기쁨을 바쳤을 저는 바로 그런 남자입니다.)

2.2 Don't forget to remember

호주 출신 그룹 Bee Gees가 불러서 히트한 곡으로 영국에서 탄생한 3명의
친형제 '베리 깁', '로빈 깁', '모리스 깁'이 함께 어울려 음악을 시작하게 되었다.
그러다 호주로 이민을 가서 빌 게이츠라는 사람을 만나 본격적인 그룹활동을
하게 되는데 그 때 빌 게이츠의 이름에서 시작되는 알파벳 'B'와
3형제 이름에서 시작되는 알파벳 'G'를 따서 그룹 이름을 만들었다.
그들은 호주에서 활동하다 다시 그들이 태어난 영국으로 건너와
음반을 내게 되고 첫 음반에 수록된 'Holiday'가 공전의 히트를 하면서
본격적인 음악활동을 하게 된다.

초기에는 이 노래처럼 부드럽고 가냘픈 음성의 부드러운 곡을 주로 불렀다.
그러다 1870년대 후반 디스코 열풍이 시작될 무렵 '존 트라볼타'가 주연한
영화 '토요일 밤의 열기 속에서'의 음악을 맡으며 완전히 새로운 음악 형태인
DISCO음악을 부르면서 전 세계에 디스코 열풍이 촉발되는 계기가 된다.
여기에 특별한 가성을 쓰며 흥겹게 노래하고 연주하는 새로운 스타일이
각광을 받으며 완전히 음악적 변신으로 성공을 거두게 된다.
그 때의 대표적인 곡이 뒤에 소개될 'How deep is your love'이다.

'Don' forget to remember' 이 노래는 매우 부드럽고 멜로디가 아름다운
서정적인 노래로 '나를 잊지 말아 달라는' 애절한 가사 때문에
뭇 여성들의 심금을 울리고 애창곡으로 손꼽히게 되었다.
특히 이 노래는 가수 김세환이 번안하여 국내에 소개되면서
대단한 히트를 하게 되어 '7080'의 대표곡이 되었다.
코드 진행도 단순하고 4박자의 beat도 단순하기 때문에
기타에 입문하는 초보자가 노래하며 연주하기에 편안한 곡이다.
특별한 테크닉이 요구되는 연주가 아니라서 노래에 집중할 수 있는
서정성이 강한 발라드 곡이다.

2.2.A 한글 부분

Don't forget to remember

당신이 떠났다는 것을
나는 믿지 않을 거에요
자꾸 내 자신에게 되풀이 하고 있어요
그것이 사실이라는 것을
당신이 나의 사랑을 원하기만 한다면
나는 어떤 것도 극복할 수 있습니다.
그러나 내 스스로를 위해서는 그게 잘 안 되는군요
나를 기억하는 것을 잊지 말아줘요
그리고 익숙했던 사랑도
여전히 난 당신을 기억하고 있어요
사랑해요

떠있는 별들에게 말하고 싶은
추억이 가슴 속에 있어요
나를 잊지 말아줘요. 내 사랑
벽에 바로 당신 사진이 걸려 있습니다
비록 어떻게든 당신을 잊으려고 하지만
당신은 나의 영혼의 거울입니다
그러니까 나를 꺼내 주세요
당장 삶이 계속될 수 있도록
노력을 할 수 있게 해 주세요

2.2.A-1 영작 1단계 – 문장 찾기와 여러 개로 구분하기

1	나는 믿지 않을 거에요
1-1	당신이 떠났다는 것을
2	내 자신에게 되풀이 하고 있어요
2-1	그것이 사실이라는 것을
3	당신이 나의 사랑을 원하기만 한다면
3-1	나는 어떤 것도 극복할 수 있습니다
4	내 스스로를 위해서는 그게 잘 안 되는군요
5	나를 기억하는 것을 잊지 말아줘요
5-1	익숙했던 사랑도
6	난 당신을 기억하고 있어요
7	사랑해요
8	추억이 가슴 속에 있어요
9	나를 기억하는 것을 잊지 말아줘요
10	당신 사진이 걸려 있습니다
11	당신을 잊으려고 하지만
11-1	당신은 나의 영혼의 거울입니다
12	나를 꺼내주세요
13	노력을 할 수 있게 해 주세요

2.2.A-2 영작 2단계 - 주어, 동사 찾기와 동사의 시제 결정하기

1	나는 믿지 않을 거에요	미래
1-1	당신이 떠났다는	현재완료
2	나는 되풀이(계속)하고 있어요	현재
2-1	그것은 입니다	현재
3	당신이 원한다면	현재
3-1	나는 극복할 수 있습니다	현재
4	난 잘 안되요	현재
5	나를 기억하는 것을 잊지 말아 주세요	현재
5-1	익숙했던 사랑도	과거
6	나는 여전히 당신을 기억해요	현재
7	사랑해요	현재
8	추억이 있어요(놓여져)	현재
9	잊지 말아 주세요	현재
10	당신 사진이 걸려있습니다	현재
11	나는 (노력) 하지만	현재
11-1	당신은 입니다	현재
12	꺼내주세요	현재
13	해 주세요	현재

2.2.A-3 영작 3단계 - 문장의 형식 결정

1	나는 믿지 않을 거에요	P3
1-1	당신이 떠났다는 것을	P3
2	내 자신에게 되풀이 하고 있어요	P3
2-1	그것이 사실이라는 것을	P2
3	당신이 나의 사랑을 원하기만 한다면	P3
3-1	나는 어떤 것도 극복할 수 있습니다	P3
4	내 스스로를 위해서는 그게 잘 안 되는군요	P3
5	나를 기억하는 것을 잊지 말아줘요	P3
5-1	익숙했던 사랑도	P3
6	난 당신을 기억하고 있어요	P3
7	사랑해요	P3
8	추억이 가슴 속에 있어요	P1
9	나를 기억하는 것을 잊지 말아줘요	P3
10	당신 사진이 걸려 있습니다	P1
11	당신을 잊으려고 하지만	P3
11-1	당신은 나의 영혼의 거울입니다	P2
12	나를 꺼내주세요	P3
13	노력을 할 수 있게 해 주세요	P5

2.2.A-4 영어의 Pattern 순서로 위치 변경

no	S	V	C or O	O or C	P#
1	나는	믿지 않을 거에요	1-1		3
1-1	당신이	떠나버렸어요	나를		3
2	나는	자꾸 되풀이 해요	말하는 것을(2-1)	내 스스로	3
2-1	가인칭	입니다	사실		2
3	나는	극복할 수 있습니다	어떤 것도	3-1	3
3-1	당신이	원합니다	나의 사랑을	(~한다면 조건의 뜻)	3
4	-그러나 나는	극복할 수 없어요	내 자신을	당신에 대해	3
5	(당신은)	잊지 말아줘요	기억하는 것을 -나를 -그리고 -사랑을(5-1)		3
5-1	그것이	익숙했어요	있도록(존재)		3
6	나는	-여전히 기억합니다	당신을		3
7	(나는)	사랑해요	(당신을)		3
8	-내 가슴 속에 추억이 -말하고 싶은 -별들에게	놓여 있어요		(* 영어 문장은 강조를 위해 주어의 위치와 부사의 위치를 도치 시켰음)	1

		-위에 있는			
9	(당신은)	잊지 말아줘요	기억하는 것을	-나를	3
10	-내 벽에 소녀 당신 사진이	놓여 있어요			1
11	-비록 나는	하려고 해요	잊는 것을 -당신을	어떻게든	3
11-1	당신은	입니다	내 영혼의 거울		2
12	(당신은)	꺼내 주세요	나를	내 자신에게서	3
13	(당신은)	하게 하세요	내가	노력하도록 -지속하는 것을 -삶이 -당장	5

2.2.B 영어 부문

Don't forget to remember me

Oh, my heart, won't believe
that you have left me.
I keep telling myself that it's true.
I can get over anything you want my love.
But I can't get myself over you.

Don't forget to remember me
and the love that you used to be.
I still remember you
I love you.

In my heart lies a memory
to tell the starts above.
Don't forget to remember me my love.

Oh, my wall lies a photograph of you girl
Though I try to forget you somehow,
you're the mirror of my soul.
So take me out of my whole.
Let me try to go on living right now.

(* 읽기 목표 시간 – 30초)

2.2.B-1 번역 1단계 - 문장 구분하기

1	My heart won't believe
1-1	you have left me
2	I keep telling myself that
2-1	it is true
3	I can get over anything
3-1	you want my love
4	I can't get myself over you
5	Don't forget to remember me and the love
5-1	that used to be
6	I still remember you
7	I love you
8	In my heart lies a memory to tell the stars above
9	My wall lies a photograph of you, girl
10	Though I try to forget you somehow
10-1	you are the mirror of my soul
11	So take me out of my whole
12	Let me try to go on living right now

2.2.B-2 번역 2단계 - 주어, 동사 찾기와 동사의 시제 파악

1	My heart won't believe	미래
1-1	You have left	현재완료
2	I keep	현재
2-1	it is	현재
3	I can get over	현재
3-1	you want	현재
4	I can't get	현재
5	(You) Don't forget	현재
5-1	that used	과거
6	I remember	현재
7	I love	현재
8	A Memory lies	현재
9	A photograph of you lies	현재
10	I try	현재
10-1	you are	현재
11	(You) take	현재
12	(You) Let	

2.2.B-3 번역 3단계 - 문장의 형식 파악

1	My heart won't believe	P3
1-1	you have left me	P1
2	I keep telling myself that	P3
2-1	it is true	P2
3	I can get over anything	P3
3-1	you want my love	P3
4	I can't get myself over you	P3
5	Don't forget to remember me and the love	P3
5-1	that used to be	P3
6	I still remember you	P3
7	I love you	P3
8	In my heart lies a memory to tell the stars above	P1
9	My wall lies a photograph of you, girl	P1
10	Though I try to forget you somehow	P3
10-1	you are the mirror of my soul	P2
11	So take me out of my whole	P3
12	Let me try to go on living right now	P5

2.1.B-4 번역 4단계 - 복문장의 경우 문장과 문장과의 관계 파악

1	My heart won't believe	
1-1	and (you have) left me	1번 문장 believe의 목적어로 온 문장 즉 목적절 -Fp13형
2	I keep telling myself that	that은 2-1문장을 의미. 이러한 연결을 관계대명사라 함
2-1	it is true	2번 문장 telling의 목적어로 온 문장 -Vo형
3	I can get over anything	원래는 anything 다음에 관계대명사 'that'이 생략된 것
3-1	you want my love	3번 문장 anything을 설명하는 문장으로 관계대명사 that이 생략됨 -At형
5	Don't forget to remember me and the love	
5-1	that used to be	5번 문장 the love를 설명하는 말 관계대명사 that이 주어로 사용됨 -At형
10	Though I try to forget you somehow	
10-1	you are the mirror of my soul	11번 문장 though 때문에 그 조건에 대한 결과의 문장으로 온 것임 -It형

- 복문장의 형태인 Fp13, Vo, At, It형에 대한 설명은 필자의 저서 - '복문장 영작의 모든 것' 참조

2.2.B-5 Pattern의 순서로 분리

No	S	V	C or O	O or C	P#
1	-Oh my heart	won't believe	that (1-1)		3
1-1	you	have left	me		3
2	I	keep	telling -myself -that(2-1)		3
2-1	it	is	true		2
3	I	can get over	anything(3-1)		3
3-1	you	want	my love		3
4	-But I	can't get	myself	over -you	5
5	(You)	don't forget	to remember and the love(5-1)	me	3
5-1	that	used	to be		3
6	I	still remember	you		3
7	I	love	you		3
8	-In my heart a memory	lies	-to tell -the stars -above		1 도치
9	-Oh my wall	lies	a photograph of your girl		1 도치

10	-Though *I*	*try*	*to forget* -you -somehow		3
10-1	*You*	*are*	*the mirror* *of my soul*		2
12	-So *(you)*	*take*	*me*	out of my whole	3
13	*(you)*	*Let*	*me*	(to)*try* -to go -on livin' -right now	5

2.2.C. 문장 분석

Let me try to go on livin' right now.
의역 -> 당장 삶이 계속될 수 있도록 노력을 할 수 있게 해 주세요

✓ 원형으로 만들기
Let me try to go living right now.
Let me try to go living.
Let me try to go.
(You) let me try.

주어 'you'가 생략된 문장으로 완곡한 명령의 문체이다. 문법적으로는 그래서 '간접명령문'이라고 하는데 '시킨다'는 의미의 동사 'let'을 사역동사라고 하며 대개 이 동사가 나오면 거의 5형식이며 주어가 'you'일 경우 생략하고 문장을 완성하는 편이다. 이 때 목적어를 설명하는 말(목적보어)에 'try'처럼 동사가 오면 이 것은 'to + 부정사'이며 'to'는 생략한다. (사역동사를 사용할 때 목적어를 설명하는 말-목적보어-의 자리에 부정사가 오면 'to'를 생략한다.

1. 'to go'는 'try'의 목적어가 부정사로 온 것이고
   'on'은 'go'와 함께 관용적으로 표현하는 '계속한다'는 의미이다.
2. 'living'은 'go on'의 목적어처럼 '계속하는' 행위에 대한 설명의 말이다.
3. 'right now'는 '당장'의 의미이며 이처럼 부사는 형식을 벗어난 뒤에 위치한다.

2.3 Have you ever seen the rain?

1970년대 'Go Go' 열풍이 불던 시절 소위 'GoGo장'에서 남녀가 짝짓는 미팅을 하면서 춤을 출 때 가장 많이 연주되고 들려주던 곡이 바로 이 음악이다. 당시 그룹 CCR이 연주하고 부르던 모든 곡들은 거의 대부분 '고고춤'을 위한 곡들이라고 하여도 과언이 아니다. CCR은 Creedence Cleanwater Revival의 약자로 직역하면 '믿음직한 순수한 물의 회귀'정도라고 할까? 아무튼 이들이 최초 음악그룹을 결성한 것은 불과 중학생 때이다. 그룹 결성을 주도한 'John Forgerty'가 작곡, 작사를 맡고 리드싱어를 맡으면서 사실상의 그룹을 주도하였다. 흑인 음악인 Blues의 영향을 많이 받았고 최초의 히트곡인 'Suzie Q'를 통해 유명해졌다. 그 밖에 "Proud Mary'가 있으며 이 곡과 더불어 대표적인 손꼽는 그들의 곡이 'Who will stop the rain'이다. 그 시절 '고고'의 열풍이 전 세계를 휩쓸고 있었으며 우리나라도 예외가 아니었다. 특히 중고생들에게 CCR의 곡은 춤의 상징이며 놀이문화의 중심이었다. 고고장을 갈 수 없었던 학생들은 휴대용 전축인 '야전'을 구해 서 너 명만 모이면 CCR의 음악을 틀고 춤에 빠져들었던 시절이었다.

'Go Go'리듬은 어쩌면 아주 단순한 리듬이다. '쿵쿵 딱딱 쿵쿵 딱딱'의 4박자가 지속적으로 반복되는 리듬으로 드럼을 칠 줄 몰라도 막대기로 혹은 손바닥으로 쉽게 그 리듬을 칠 따라 할 수 있다. 그만큼 단순하면서도 흥겹다. 기타를 칠 때도 피크로 내려치면서 왼손으로 잡고 있는 코드의 손가락들을 그 리듬에 맞추어 순간적으로 손을 떼기만 하면 음의 지속이 순간적으로 끊어지기('mute'라고 함) 때문에 'GoGo' 리듬의 맛을 충분히 낼 수 있다. 코드를 익히기 시작하였다면 서서히 대중음악의 리듬세계로 빠지는 첫 번째 도전이 바로 'GoGo' 리듬이라고 할 수 있다.

2.3.A. 한글 부분

Have you ever seen the rain?

옛날에 누가 나한테 말했어
폭풍이 오기 전에는 고요하다고
나도 알아 가끔 그렇게 폭풍이 오고 있다는 것을
사람들이 말하더라고
그게 끝나면 해가 쨍쨍한 날 비가 올 거라고
나도 알아, 물처럼 반짝이며 쏟아져 내려오는 것을
난 알고 싶어
비가 오는 걸 본 적이 있어?
맑은 날에 내리는 비 말이지.
어제 그리고 그보다 오래 전에
태양은 차갑고 비는 뜨거울 때가 있었지.
난 알아, 내 인생 내내 그래왔다고
영원토록 그렇게 흘러 갈 거야
원처럼 빠르기도 하구 느리기도 하면서
난 알아 멈출 수가 없다고, 걱정이야
난 알고 싶어
비가 오는 걸 본 적이 있어?
맑은 날에 오는 비 말이지.

2.3.A-1 영작 1단계 - 문장 찾기와 여러 개로 구분하기

1	옛날에 누가 나한테 말했어
1-1	폭풍이 오기 전에는 고요하다고
2	나도 알아
2-1	가끔 그렇게 폭풍이 오고 있다는 것을
3	사람들이 말하더라고
3-1	그게 끝나면
3-2	해가 쨍쨍한 날 비가 올 거라고
4	나도 알아 물처럼 반짝이며 쏟아져 내려오는 것을
5	난 알고 싶어
5-1	비가 오는 걸 본 적이 있는지, 맑은 날에 내려오고 있는
6	어제 그리고 그보다 오래 전에 태양은 차갑고
6-1	비는 뜨거울 때가 있었지
7	난 알아 내 인생 내내 그래왔다고
8	영원토록 그렇게 흘러 갈 거야 원처럼 빠르기도 하고 느리기도 하면서
9	난 알아
9-1	멈출 수가 없다고
9-2	걱정이야

2.3.A-2 영작 2단계 - 주어, 동사 찾기와 동사의 시제 결정하기

1	누가 말했어	과거
1-1	가인칭, 입니다	현재
2	나도 알아	현재
2-1	오고 있다 (*여기서는 계속 오고 있다는 것을 강조하기 위해 현재완료진행형을 사용함)	현재완료진행
3	사람들이 말하더라고	현재
3-1	가인칭, 입니다	현재
3-2	가인칭, 비가 올 것을	미래
4	나도 알아	현재
5	난 싫어	현재
5-1	(당신은) 본적 있어	현재완료
6	태양은 입니다	현재
6-1	비는 입니다	현재
7	난 알아	현재
8	그렇게 흘러 가	현재
9	난 알아	현재
9-1	가인칭, 멈출 수가 없어	현재
9-2	걱정이야	현재

2.3.A-3 영작 3단계 - 문장의 형식 결정

1	옛날에 누가 나한테 말했어	P3
1-1	당신이 떠났다는 것을	P3
2	내 자신에게 되풀이 하고 있어요	P3
2-1	그것이 사실이라는 것을	P2
3	당신이 나의 사랑을 원하기만 한다면	P3
3-1	나는 어떤 것도 극복할 수 있습니다	P3
4	내 스스로를 위해서는 그게 잘 안 되는군요	P3
5	나를 기억하는 것을 잊지 말아줘요	P3
5-1	익숙했던 사랑도	P3
6	난 당신을 기억하고 있어요	P3
7	사랑해요	P3
8	추억이 가슴 속에 있어요	P1
9	나를 기억하는 것을 잊지 말아줘요	P3
10	당신 사진이 걸려 있습니다	P1
11	당신을 잊으려고 하지만	P3
11-1	당신은 나의 영혼의 거울입니다	P2
12	나를 꺼내주세요	P3
13	노력을 할 수 있게 해 주세요	P5

2.3.A-4 영어의 Pattern 순서로 위치 변경

no	S	V	C or O	O or C	P#
1	누군가	말했어	내게	1-1 -옛날에	4
1-1	가인칭	입니다	고요하다	-전에 폭풍	2
2	난	알아요	2-1		3
2-1	가인칭	오고 있어요	-가끔		1
3	-때 그게	입니다	끝났어요		2
3-1	-그래서 그들은	말해요	3-2		3
3-2	가인칭	비가 올 거에요	해가 쨍쨍한 날		1
4	나는	알아요	빛나면서 내려오는	-물 같은 거	3
5	나는	싶어요	알게 되기를		3
6	당신은	본 적이 있나요	비를	-내려오고 있는 -맑은 날에	3
6	-어제 -그리고 -그 날 -그 전에 태양은	입니다	차갑고		2
6-1	-그리고 비는	입니다	뜨겁고		2
7	나는	알아	내내 그래왔던 걸	-내 인생 모든 시간 동안	3

8	-때까지 -영원히 가인칭	갑니다	-쭉 원을 따라 -빠르고 -느리게		1
9	나는	알아	9-1		3
9-1	가인칭	멈출 수 없다고			1
10	나는	걱정이야	(의미상 9-1을)		3
11	난	싶어	아는 것을		3

2.3.B. 영어 부문

Have you ever seen the rain?

Someone told me long ago,
there is a calm before the storm.
I know, it's been coming for sometime.
When it's over, so they say,
it'll rain a sunny day.
I know, shining down like water.
I want to know
have you ever seen the rain
coming down on a sunny day?
Yesterday and days before
sun is cold and rain is hot.
I know, been that way for all my time.
Till forever on it goes
through the circle fast and slow.
I know, it can't stop.
I wonder.
I want to know
have you ever seen the rain
coming down on a sunny day?.

(* 읽는 목표 시간 – 30초)

2.3.B-1 번역 1단계 - 문장 구분하기

1	Someone told me long ago
1-1	there is a calm before the storm
2	I know
2-1	it has been coming for sometime
3	When it is over
3-1	so they say
3-2	it will rain a sunny day
4	I know shining down like water
5	I want to know
5-1	have you ever seen the rain coming down a sunny day
6	Yesterday and days before sun is cold and rain is hot
7	I know been that way for all my time
8	Till forever on it goes through the circle fast and slow
9	I know
9-1	it can't stop
10	I wonder
11	I want to know
11-1	have you ever seen the rain coming down on a sunny day

2.3.B-2 번역 2단계 - 주어, 동사 찾기와 동사의 시제 파악

1	Someone told	과거
1-1	there is	현재
2	I know	현재
2-1	it has been coming	현재완료 진행
3	it is over	현재
3-1	they say	현재
3-2	it will rain	미래
4	I know	현재
5	I want	현재
5-1	have you ever seen	현재완료
6	sun is and rain is	현재
7	I know	현재
8	It goes	현재
9	I know	현재
9-1	it can't stop	현재
10	I wonder	현재
11	I want	현재
11-1	have you ever seen	현재완료

2.3.B-3 번역 3단계 - 문장의 형식 파악

1	Someone told me	P4
1-1	there is a calm	P2
2	I know	P3
2-1	it has been coming	P1
3	it is over	P2
3-1	they say	P3
3-2	it will rain	P1
4	I know shining down	P5
5	I want to know	P3
5-1	have you ever seen the rain coming down	P5
6	sun is cold	P2
	and rain is hot	P2
7	I know been	P3
8	it goes	P1
9	I know	P3
9-1	it can't stop	P1
10	I wonder	P3
11	I want to know	P3
11-1	have you ever seen the rain coming down	P5

2.3.B-4 번역 4단계 - 복문장의 경우 문장과 문장간의 관계 파악

1	Someone told me long ago	4형식이므로 제1목적어, 제2목적어가 필요
1-1	there is a calm before the storm	1번 문장 told의 2번째 목적어 -Fp44형
2	I know	
2-1	it has been coming for sometime	2번 문장 know의 목적어로 온 문장 -Fp33형
3	When it is over	
3-1	so they say	3번 문장 when의 조건에 따른 결과의 문장 -It형
3-2	it will rain a sunny day	3-1 문장 say의 목적어 -Fp33형
5	I want to know	
5-1	have you ever seen the rain coming down a sunny day	5번 문장 to know의 목적어로 온 문장 -Vo형
9	I know	
	I can be	
9-1	it can't stop	9번 문장 know의 목적어로 온 문장 -Fp33
11	I want to know	
11-1	have you ever seen the rain coming down on a sunny day	11번 문장 to know의 목적어로 온 문장 -Vo형

● 복문장의 형태인 Pr형, At형에 대한 설명은
  필자의 저서 – '복문장 영작의 모든 것' 참조

2.3.B-5 Pattern의 순서로 분리

no	S	V	C or O	O or C	P#
1	**Someone**	**told**	**me**	**1-1** -long ago	4
1-1	**there**	**is**	**a calm**	-before the storm	2
2	**I**	**know**	**2-1**		3
2-1	**it**	**has been coming**	-for sometime		1
3	-When **it**	**is**	**over**		2
3-1	-so **they**	**say**	**3-2**		3
3-2	**it**	**will rain**	-a sunny day		1
4	**I**	**know**	**shining down**	like water	3
5	**I**	**want**	**to know**	**5-1** (to know의 목적어)	3
5-1	**have you**	**ever seen**	**the rain**	**coming down** -a sunny day	5
6	-Yesterday and days before **sun**	**is**	**cold**		2

	and				
	rain	*is*	*hot*		2
7	*I*	know	**been that way**	-for all my time	3
8	-Till forever on *it*	*goes*	-through -the circle	-fast and slow	1
9	*I*	know	**9-1**		3
9-1	*it*	can't stop			1
10	*I*	wonder	**9-1**		3
11	*I*	want	to know	11-1 (to know의 목적어)	3
11-1	**have you**	ever seen	the rain	**coming down** -on a sunny day	5

2.3.C. 문장 분석

Have you ever seen the rain coming down on a sunny day?

위 의문문에 대한 평서문은

You have ever seen the rain coming down on a sunny day.

(주어 + 동사 + 목적어 + 목적어에 대한 설명)로 이루어진 5형식이며 현재완료의 시제이다.
위와 같이 과거의 경험을 물을 때 현재완료의 시제를 사용하는 점이 완전히 우리말과 다른 점이다. 우리말은 이럴 때 단순히 과거처럼 표현한다.
원래 현재완료의 의미는 'have(has) + 과거분사' 즉 과거분사는 일정 시간 동안 상태가 지속 중인 것을 표현할 때 사용하는 동사의 형태이고 'have(has)'를 붙이면 그 상태가 지금까지 지속 중인 것이며 'had'를 동사 앞에 붙이면 이미 과거에 그 상태가 종료된 것이며 이럴 때 '과거완료'라고 한다.
과거의 경험을 현재완료로 표현하는 것이 우리말의 입장에서 보면 이해가 잘 안 된다. 우리는 이럴 때 과거로 표현하기 때문이고 우리말의 동사에는 '과거분사'의 형태가 없다. 아마도 경험은 그 경험의 이미지나 정보가 지금까지 유지되고 있기 때문이 아닌가 여겨진다. 경험이 아닌 어떤 시점의 구체적 사실에 대해 묻는다면 현재완료가 아닌 과거로 묻는다.

● 원형 만들기

You have ever seen the rain coming down on a sunny day.
You have ever seen the rain coming down.
You have ever seen the rain coming.

You have seen the rain coming.
You see the rain coming.

(주어 + 동사 + 목적어 + 목적어에 대한 설명-목적보어) 의 5형식이며 목적어에 대한 설명 부분(목적보어)이 현재분사로 온 경우이다.

2.4 I started a joke

앞에서도 소개된 바 있는 Bee Gees의 히트곡 중 하나이다.
영국에서 태어난 큰 형 베리깁과 쌍둥이 동생 로빈과 모리스가 결성이 되어
만든 형제들의 밴드이지만 본격적인 음악활동은 호주로 이민을 가서 시작되었고
다시 영국으로 건너와 음반을 내면서 전 세계적으로 알려지게 되었다.
팝 음악의 역사에서 이들의 음악을 빼 놓을 수 없는 것은
히트곡들이 많은 이유도 있지만 디스코 열풍을 일으킨
새로운 장르의 음악을 개척하였기 때문이다.
이 당시 히트하였던 'Saturday night fever'는 무려 4000만장 이상이 팔렸다.
어떤 모든 예술도 마찬가지이지만 새로운 음악의 형태를 만든다는 것은
대단한 음악성과 창의성의 결합이다.
창의성은 전문성을 바탕으로 하는 것이고 끊임없는 도전의식과 용기가
필요한 일이다. 현재의 삶에 만족하고 현재를 즐기고 있다면
이루어 낼 수 없는 것이다.
그래서 절박하게 가난한 사람에게 더욱 창의성이 발휘될지도 모르지만 대신
창의적인 구상을 구체화하려면 자원이라는 에너지 즉 자본이 필요하게 된다.
가난한 사람에게는 돈이 없고 돈이 많은 사람에겐 절박함이 부족하다.
"I started a joke'는 멜로디 라인이 매우 뚜렷하고 독특하다.
여기에 매우 철학적인 내용을 가사에 담고 있어 노래의 무게가 묵직해 진다.
낮은 음에서 높은 음으로 상행하는 전주가 아름답다. 기타로 코드를 상행하는
연주가 다른 악기보다 더 음악의 맛이 난다고 할 수 있다.
그렇게 하려면 F 코드를 잡고 가장 낮은 선인 6번선을 치면서 미끄러지듯
슬라이딩하면서 3도(장3도) 위인 A 코드로 진행을 해야 베이스음의
진행이 제 맛을 내게 된다. 즉 F 코드의 근음이 A 코드의 근음으로 미끄러지듯
상행하면서 노래의 전주가 살게 된다.
마찬가지로 바로 위의 코드인 Bb(A#) 그리고 C 코드로 계속 상행하면서
베이스라인을 미끄러지듯 유지하면 원곡과 같은 진행의 맛을 느낄 수 있다.
F 코드의 운지 하나를 이동해가면서 사용하기 때문에
그다지 어려운 것은 아니다.
F 코드를 제대로 잡을 수만 있다면.
(이게 농담이 아니라면 더욱 좋을텐데)

2.4.A. 한글 부분

I started a joke

나는 온 세상이 울기 시작했다고
농담을 시작했어요.
그렇지만 그 농담이 나에게 해당될지
몰랐어요..아..안돼요
나는 소리치기 시작하면서
온 세상이 웃기 시작했다고
오..만일 내가 농담이 나에게 해당되는 걸
단지 알기만 했었더라면
나는 손으로 눈을 비비며
하늘 여기저기를 쳐다보았습니다.
내가 하였을 말 때문에 머리가 아파하면서
침대에서 뛰쳐나왔습니다.
결국 내가 죽을 때까지
세상은 살아 있었습니다.
오..만일 내가 농담이 내게 해당된다는 것을
단지 알기만 했더라면..

2.4.A-1 영작 1단계 - 문장 찾기와 여러 개로 구분하기

1	나는 농담을 시작했어요
1-1	온 세상이 울기 시작했다고
2	그렇지만 나는 몰랐어요
2-1	그 농담이 나에게 해당될지
3	나는 소리치기 시작하면서
3-1	온 세상이 웃기 시작했다고
4	오, 만일 내가 알기만 했더라면
4-1	농담이 나에게 해당된다는 것을
5	나는 하늘 여기저기를 쳐다보았습니다. 손으로 눈을 비비면서
6	그리고 나는 침대에서 뛰쳐나왔습니다. 머리가 아파하면서
6-1	내가 하였을 말 때문에
7	결국 내가 죽을 때까지
7-1	세상은 살아있었습니다

2.4.A-2 영작 2단계 - 주어, 동사 찾기와 동사의 시제 결정하기

1	나는 시작했어요	과거
1-1	그것은 시작했어요	과거
2	나는 몰랐어요	과거
2-1	그 농담이 였습니다	과거
3	나는 시작했어요	과거
3-1	그것은 시작했어요	과거
4	내가 알고 있었다면	가정법과거
5	나는 쳐다보았습니다	과거

6	나는 뛰쳐나왔습니다	과거
6-1	내가 말했을 거에요	가정법과거
7	내가 죽고	과거
7-1	그것은 시작했어요	과거

- 원래의 가사와 차이가 있어 보이는 것은 영어 본문의 가사를 기준으로 우리말을 바꾸었기 때문이다.

2.1.A-3 영작 3단계 - 문장의 형식 결정

1	나는 시작했어요	P3
1-1	그것은 시작했어요	P5
2	나는 몰랐어요	P3
2-1	그 농담이 였습니다	P1
3	나는 시작했어요	P3
3-1	그것은 시작했어요	P5
4	내가 알고 있었다면	P3
5	나는 쳐다보았습니다	P3
6	나는 뛰쳐나왔습니다	P3
6-1	내가 말했을 거에요	P3
7	내가 죽고	P1
7-1	그것은 시작했어요	P5

2.4.A-4 영어의 Pattern 순서로 위치 변경

no	S	V	C or O	O or C	P#
1	나는	시작했어요	농담을(1-1)		3
1-1	그것은	시작했어요	온 세상이	울고 있게	5
2	-그렇지만 나는	몰랐어요	그것을(2-1)		3
2-1	그 농담이	였습니다	나에게 해당		1
3	나는	시작했어요	소리 치는 것을 (3-1)		3
3-1	그것은	시작했어요	온 세상이	웃고 있게	5
4	-오, 만일 내가	알고 있었다면	4-1		3
4-1	그 농담이	였습니다	나에게 해당	(가정법 과거완료)	1
5	나는	쳐다보았습니다	하늘을	-비비면서 -눈을 -손으로	3
6	-그리고 나는	뛰쳐나왔습니다	침대에서	-아파하면서 -머리를 -어떤 것(6-1)으로 부터	3
6-1	내가	말했을 거에요			3
7	-때까지 내가	-마침내 죽고			1
7-1	그것은	시작했어요	모든 세상이	살아 있어요	5

2.4.B. 영어 부문

I started a joke

I started a joke which started
the whole world crying.
But I didn't see
that the joke was on me, oh no.
I started to cry which started
the whole world laughing.
Oh, if I'd be only seen
that the joke was on me.
I looked at the skies
running my hands over my eyes.
And I fell out of bed hurting my head
from things that I'd said.
Till I finally died which started
the whole world living.
Oh, if I'd only seen
that the joke was on me.

(* 읽기 목표 시간 - 27초)

2.4.B-1 번역 1단계 - 문장 구분하기

1	I started a joke
1-1	which started the whole world crying
2	But I didn't see that
2-1	the joke was on me
3	I started to cry
3-1	which started the whole world laughing
4	If I had only seen that
4-1	the joke was on me
5	I looked at the skies running my hands over my eyes
6	And I fell out of bed hurting my head from things
6-1	that I had said
7	Till I finally died
7-1	which started the whole world living
8	If I had only seen that
8-1	the joke was on me

2.4.B-2 번역 2단계 – 주어, 동사 찾기와 동사의 시제 파악

1	I started a joke	과거
1-1	which started the whole world crying	과거
2	But I didn't see that	과거
2-1	the joke was on me	과거
3	I started to cry	과거
3-1	which started the whole world laughing	과거
4	If I had only seen that	가정법 과거완료

4-1	the joke was on me	과거
5	I looked at the skies running my hands over my eyes	과거
6	And I fell out of bed hurting my head from things	과거
6-1	that I had said	과거완료
7	Till I finally died	과거
7-1	which started the whole world living	과거
8	If I had only seen that	가정법 과거완료
8-1	the joke was on me	과거

2.4.B-3 번역 3단계 - 문장의 형식 파악

1	I started a joke	P3
1-1	which started the whole world crying	P5
2	But I didn't see that	P3
2-1	the joke was on me	P1
3	I started to cry	P3
3-1	which started the whole world laughing	P5
4	If I had only seen that	P3
4-1	the joke was on me	P1
5	I looked at the skies running my hands over my eyes	P3
6	And I fell out of bed hurting my head from things	P3
6-1	that I had said	P3
7	Till I finally died	P1
7-1	which started the whole world living	P5
8	If I had only seen that	P3
8-1	the joke was on me	P1

2.4.B-4 번역 4단계 - 복문장의 경우 문장과 문장간의 관계 파악

1	I started a joke	
1-1	which started the whole world crying	1번 문장 a joke를 설명하는 말 관계대명사 which는 a joke를 의미하고 선행사라 하고 의미상의 주어 -At형
2	I didn't see that	
2-1	the joke was on me	2번 문장 see의 목적어 즉 2-1은 2번 문장의 목적절 -Fp33
3	I started to cry	
3-1	which started the whole world laughing	3번 문장 to cry를 설명하는 말 'to cry'가 which의 의미상이 주어 -At형
4	I had only seen that	
4-1	the joke was on me	4번 문장 had seen의 목적어 -Fp33형
6	I fell out of bed hurting my head from things	
6-1	I had said	6번 things를 설명하는 문장 -At형
7	Till I finally died	
7-1	which started the whole living	which는 앞 6번 문장에서 언급한 things를 의미함 -At형
8	If I had only seen that	
8-1	the joke was on me	8번 문장 had only seen의 목적어 -Fp33형

2.4.B-5 Pattern의 순서로 분리

no	S	V	C or O	O or C	P#
1	*I*	*started*	*a joke*(1-1)		3
1-1	*which*	*started*	*the whole world*	*crying*	5
2	-But *I*	*didn't see*	*that*(2-1)		3
2-1	*the joke*	*was*	on me	Oh, no	1
3	*I*	*started*	*to cry*(3-1)		3
3-1	*which*	*started*	*the whole world*	*laughing*	5
4	-Oh, -if *I*	*had only seen*	*that*(4-1)		3
4-1	*the joke*	*was*	on me		1
5	*I*	*looked at*	*the skies*	-running -my hands -over my eyes	3
6	-And *I*	*fell out of*	*bed*	-hurting -my head -from things(6-1)	3
6-1	-that *I*	*had said*	(things)		3

7	-Till I	finally died			1
7-1	which	started	the whole world	living	5
8	-Oh, -if I	had only seen	that(8-1)		3
8-1	the joke	was	on me		2

2.4.C. 장 분석

I started a joke which started the whole world crying.
2개의 문장으로 구성

(1) I started a joke
(2) which started the whole world crying.
(3)
✓ (1)번 문장 - (주어 + 동사 + 동사의 목적어)로 구성된 과거형 문장
✓ (2)번 문장 - (주어 + 동사 + 목적어 + 목적보어)로 구성된 과거형 문장

목적어에 대한 설명이 현재분사(동작중인 상태)로 표현되었다. 2문장을 연결 시켜 주는 역할을 하면서 2번 문장의 주어의 자리의 which는 위에 있는 a joke를 설명하는 말이고 이러한 경우를 '관계대명사'라고 한다. 그리고 곧바로 연이어 나왔기 때문에 '계속적 용법'이라고 한다. 계속적으로 단어를 문장으로 설명하고자 할 때 사용하며 'that'을 대신 사용할 때도 많다.

- 원형 만들기
  I started a joke which started the whole world crying.
  I started a joke.
  I start a joke.

2.5 You raise me up

미국의 컨트리음악의 역사를 추적하다 보면 영국의 음악과 만나게 된다. 미국 초기 이민 시절 많은 영국인들이 미국에 건너왔으며 영국의 민속음악인 포크 음악은 초기 미국을 개척하던 이민자들에게 커다란 위로가 되었고 미국의 음악으로 발전되기 시작하였다.
이 때 특히 서정성에 가장 많은 영향을 준 음악이 아일랜드의 음악이다. 현재 정치적으로 독립국가인 아일랜드와 영국의 국가에 포함된 북아일랜드는 사실 비영국인들의 입장에서는 하나의 섬이고 지역인 셈이다.
이 아일랜드의 음악은 기타와 만돌린을 주로 많이 사용하였고 특히 바이올린의 다른 이름인 fiddle이 멜로디를 이끌었는데 바이올린과 주법이 매우 틀리다. 그래서 fiddle 연주자를 바이올리니스트라고 하지 않고 피들러(fiddler)라고 한다. 지금은 미국 컨트리 음악에서 매우 중요한 부분을 차지하는 악기이면서 연주의 형태가 되었다.
'You raise me up'은 바로 아일랜드의 민속 즉 포크 음악이다. 'Londonderry Air'라는 전해져 오는 음악에 브랜든 그래함(Brendan Graham)이 가사를 붙여 만든 곡으로 역시 그와 함께 그룹을 결성한 Rolf Lovlend이 편곡을 하고 시크릿 가든(Secret Garden)이 불러 전 세계적으로 알려지게 되었다. 아일랜드의 음악답게 서정성이 듬뿍 담겨있고 가사의 에너지가 강하다. 마치 찬송가를 연상시키는 느린 진행과 건전하고 힘이 되어주는 내용에 등장하는 '당신'은 하나님을 상징한다.
어쨌든 많은 사람들은 힘과 용기를 주고 좌절을 극복하라는 메시지의 내용에 감동하고 용기를 얻게 된다. 그래서 이 노래는 솔로로 시작하여 점점 사람이 모이는 듯 한 사람씩 멜로디에 추가하고 화음도 추가하여 거대한 합창과 파워로 발전시키는 창법과 진행이 어울린다. 후반부로 갈수록 강하게 부르고 경건하게 부르면 더욱 웅장하다. 비교적 멜로디 라인이 단순하기 때문에 노래를 부를 때마다 어떤 변화를 주는 것이 좋은데 조성을 상행하거나 화성을 추가하며 부르면 단조로움을 피하면서 더욱 노래의 맛을 살릴 수 있다.

2.5.A. 한글 부분

You raise me up

내가 힘들어 하고
나의 영혼이 지쳐있을 때
괴로운 것들이 찾아오고
마음이 힘들어질 때
침묵 가운데 여기에서 기다리고
여전히 존재하고 있습니다
당신이 나와 함께 잠시 앉아 있을 때까지
당신은 나를 일으켜 세웁니다.
산에 올라 혼자 설 수 있습니다
당신은 나를 일으켜 세웁니다.
폭풍의 바다 위를 걸을 수 있도록 말입니다.
당신의 어깨 위에서 나는 강한 사람이 됩니다.
당신은 내가 될 수 있는 것보다
더 강한 사람으로 일으켜 세웁니다.
절망 없는 삶은 삶이 아닙니다.
쉬지 않고 뛰는 심장도
그렇게 완전하지는 않습니다.
그러나 당신이 왔을 때
또 내가 경탄으로 가득 차 있을 때
때로는 영원도 가끔 보게 된다고 생각합니다.

2.5.A-1 영작 1단계 - 문장 찾기와 여러 개로 구분하기

1	내가 힘들어 하고
1-1	나의 영혼이 지쳤을 때
2	괴로운 것들이 찾아오고
2-1	마음이 힘들어질 때
2-2	침묵 가운데서 여기에서 기다리고 여전히 존재하고 있습니다
2-3	당신이 나와 함께 잠시 앉아 있을 때까지
3	당신은 나를 일으켜 세웁니다
3-1	산에 올라 혼자 설 수 있습니다
4	당신은 나를 일으켜 세웁니다 폭풍의 바다 위를 걸을 수 있도록 말입니다
5	나는 강한 사람이 됩니다
5-1	내가 당신의 어깨 위에 있습니다
6	당신은 더 강한 사람으로 일으켜 세웁니다
6-1	내가 될 수 있는 것보다
7	절망 없는 삶은 삶이 아닙니다
8	쉬지 않고 뛰는 심장도 완전하지는 않습니다
9	그러나 당신이 왔을 때
9-1	또 내가 경탄으로 가득 차 있을 때
10	나는 생각합니다
10-1	영혼도 가끔 보게 된다고

2.5.A-2 영작 2단계 - 주어, 동사 찾기와 동사의 시제 결정하기

1	내가 입니다	현재
1-1	나의 영혼이 입니다	현재
2	괴로운 것들 옵니다	현재
2-1	나의 마음이 힘듭니다	현재
2-2	나는 존재합니다 　　　기다립니다	현재
2-3	당신이 오고 　　　앉습니다	현재
3	당신은 나를 일으켜 세웁니다	현재
3-1	나는 설 수 있습니다	현재
4	당신은 일으켜 세웁니다	현재
5	나는 입니다	현재
5-1	내가 있습니다	현재
6	당신은 일으켜 세웁니다	현재
6-1	내가 존재할 수 있습니다	현재
7	가인칭 입니다	현재
8	쉬지 않는 심장은 뜁니다	현재
9	당신은 옵니다	현재
9-1	나는 가득 차 있습니다	현재
10	나는 생각합니다	현재
10-1	나는 얼핏 봅니다	현재

2.5.A-3 영작 3단계 – 문장의 형식 결정

1	내가 힘들어 하고	P2
1-1	나의 영혼이 지쳤을 때	P2
2	괴로운 것들이 찾아오고	P1
2-1	마음이 힘들어질 때	P1
2-2	침묵 가운데서 여기에서 기다리고 여전히 존재하고 있습니다	P1
2-3	당신이 나와 함께 잠시 앉아 있을 때까지	P1
3	당신은 나를 일으켜 세웁니다	P3
3-1	산에 올라 혼자 설 수 있습니다	P1
4	당신은 나를 일으켜 세웁니다 폭풍의 바다 위를 걸을 수 있도록 말입니다	P3
5	나는 강한 사람이 됩니다	P2
5-1	내가 당신의 어깨 위에 있습니다	P1
6	당신은 더 강한 사람으로 일으켜 세웁니다	P3
6-1	내가 될 수 있는 것보다	P1
7	절망 없는 삶은 삶이 아닙니다	P2
8	쉬지 않고 뛰는 심장도 완전하지는 않습니다	P1
9	그러나 당신이 왔을 때	P1
9-1	또 내가 경탄으로 가득 차 있을 때	P3
10	나는 생각합니다	P3
10-1	영혼도 가끔 보게 된다고	P3

2.5.A-4 영어의 Pattern 순서로 위치 변경

no	S	V	C or O	O or C	P#
1	-때 내가	입니다	힘들어		2
1-1	나의 영혼이	입니다	지쳐있는		2
1-2	-때 괴로운 것들	옵니다			1
1-3	나의 마음이	힘듭니다			1
1-4	-그때 나는	-여전히 존재합니다 기다립니다	여기서	침묵 속에서	1 1
1-5	-때까지 당신이	오고 앉습니다	-잠시 동안	-나와 함께	1 1
2	당신은	일으켜 세웁니다	나를		3
3	나는	설 수 있습니다	-산 위에		1
4	당신은	일으켜 세웁니다	나를	-걷도록 -폭풍의 바다 위를	3
5	나는	입니다	강합니다		2
5-1	-때 내가	있습니다	-당신의 어깨 위에		1
6	당신은	일으켜 세웁니다	나를	-더 많게	3
6-1	-보다 내가	존재할 수 있습니다			1
7	가인칭	입니다	삶이 아닙니다	-절망이 없는	2
8	쉬지 않는 심장은	뜁니다	완전하지 않게		1

9	-그러나 당신은	옵니다			1
9-1	-그리고 나는	가득 차 있습니다	경탄으로		3
10	-때로는 나는	생각합니다	10-1		3
10-1	나는	얼핏 봅니다	영원을		3

2.5.B. 영어 부문

You raise me up

When I am down
and oh my soul is so weary,
when troubles come
and my heart burdened be,
then I am still and wait here in the silence
until you come and sit awhile with me
You raise me up,
so I can stand on mountains
You raise me up to walk on stormy seas
I am strong
when I am on your shoulders
You raise me up to more than I can be.
There is no life - no life without its hunger.
Each restless heart beats so imperfectly.
But when you come
and I am filled with wonder,
sometimes, I think I glimpse eternity.

(* 읽기 목표 시간 – 30초)

2.5.B-1 번역 1단계 - 문장 구분하기

1	When I am down
1-1	and my soul is so weary
2	When troubles come
2-1	and my heart burdened be
2-2	then I am still and wait here in the silence
2-3	until you come and sit awhile with me
3	You raise me up
3-1	so I can stand on mountains
4	You raise me up to walk on stormy seas
5	I am strong
5-1	when I am on your shoulders
6	You raise me up to more than
6-1	I can be
7	There is no life without its hunger
8	Each restless heart beats so imperfectly
9	But when you com
9-1	and I am filled with wonder
10	Sometimes I think
10-1	I glimpse eternity

2.5.B-2 번역 2단계 - 주어, 동사 찾기와 동사의 시제 파악

1	I am	현재
1-1	my soul is	현재
2	troubles come	현재
2-1	my heart burdened be	현재
2-2	I am and wait	현재
2-3	you come and sit	현재
3	You raise	현재
3-1	I can stand	현재
4	You raise	현재
5	I am	현재
5-1	I am	현재
6	You raise	현재
6-1	I can be	현재
7	There is	현재
8	Each restless heart beats	현재
9	you come	현재
9-1	I am filled with	현재
10	I think	현재
10-1	I glimpse	현재

2.5.B-3 번역 3단계 - 문장의 형식 파악

1	I am down	P2
1-1	my soul is so weary	P2
2	troubles come	P1
2-1	my heart burdened be	P1
2-2	I am and wait	P1, P1
2-3	you come and sit	P1, P1
3	You raise me up	P3
3-1	I can stand	P1
4	You raise me up	P3
5	I am strong	P2
5-1	I am	P1
6	You raise me up	P3
6-1	I can be	P1
7	There is no life	P2
8	Each restless heart beats	P1
9	when you com	P1
9-1	I am filled with wonder	P3
10	I think	P3
10-1	I glimpse eternity	P3

2.5.B-4 번역 4단계 - 복문장의 경우 문장과 문장간의 관계 파악

1	When I am down	
1-1	and my soul is so weary	1번 문장의 조건에 따른 결과의 문장 -It형
2	When troubles com	
2-1	and my heart burdened be	2번 문장의 조건에 따른 결과의 문장 -It 형
2-2	then I am still and 　　　wait here in the silence	
2-3	until you come and sit while with me	2-1에 연이은 나열형 문장 -Pr형
3	You raise me up	
3-1	so I can stand on mountains	3번 문장에 이어 연속한 문장 Fp33
5	I am strong	
5-1	when I am	5번 문장에 대한 어떤 조건에 해당하는 문장 -Dw형
6	You raise me up to more than	
6-1	I can be	6번 문장을 위한 조건의 문장 -At형
9	But when you come	9-1의 결과가 되기 위한 조건의 문장 -It형
9-1	and I am filled with wonder	
10	Sometimes I think	
10-1	I glimpse eternity	10번 문장의 목적절

● 필자의 저서 '복문장 영작의 모든 것'에 있는 복문장 형태 종류 참조

2.5.B-5 Pattern의 순서로 분리

no	S	V	C or O	O or C	P#
1	-When **I**	**am**	**down**		2
1-1	-and **my soul**	**is**	**so weary**		2
2	-When **troubles**	**come**			1
2-1	-and **my hear** -**burdened**	**be**			1
2-2	-then **I**	**am –still** and **wait**	here	in the silence	1 1
2-3	-until **you**	**come** and **sit**	awhile	with me	1 1
3	**You**	**raise**	**me**	**up**	3
3-1	-so **I**	**can stand**	on mountains		1
4	**You**	**raise**	**me**	**up** -to walk -on stormy seas	3
5	**I**	**am**	**strong**		2

5-1	-when **I**	**am**	-on your shoulders		1
6	**You**	raise	me	**up** to more than (6-1)	3
6-1	**I**	can be			1
7	**There**	is	**no life**	-without -its hunger	2
8	**Each restless heart**	**beats**	so imperfectly		1
9	-But -when **you**	**come**			1
9-1	-and **I**	am filled with	wonder		3
10	-Sometimes **I**	think	**10-1**		3
10-1	**I**	glimpse	eternity		3

2.5.C. 문장 분석 부문

I am strong when I am on your shoulders.

2개의 문장으로 구성

(1)　　I am strong.
(2)　　when I am on your shoulders.

2번 문장은 1번 문장에 대한 조건을 설명하는 문장으로 'when'으로 시작한다고 해서 시간을 의미하지는 않는다. 이렇게 가끔 'when'은 어떠한 조건이나 가정해서 말할 때 사용하는데 기본적으로는 이럴 때 현재형의 문장으로 사용한다.
이러한 조건의 문장을 말할 때는 항상 그 조건의 문장은 문장의 뒤에 위치한다. 영어는 의사 전달을 하고자 할 때 중요한 메시지의 문장부터 말하는 순서부터 문장을 구성한다. 그러니까 문장의 안에 위치하는 단어도 근본적으로는 메시지 전달의 우선 순위로 볼 때 중요한 순이고 2문장 이상의 복문장에서도 문장의 중요한 순서에 따라 문장을 나열한다.

- ✓ (1)번 문장
    (주어 + 동사 + 주어에 대한 설명)으로 구성된 2형식 문장

- ✓ (2)번 문장
    (1) 번 문장에 대한 조건을 설명하는 문장
    (주어 + 동사)로 구성된 1형식 문장

2.6 Changing partners

Patti Page가 불러 히트 시킨 아름다운 왈츠풍의 노래이다.
오크라호마 태생의 그녀는 고등학교 시절부터 노래를 잘하여 활동하다
'Tennesse Waltz'란 곡으로 데뷔를 하면서 이름을 알리게 된다.
그 다음 두 번째 발표한 곡이 Changing Partners이고
'I want to your wedding', 'Mocking bird hill',
'Doggie in the window', 'Try to remember', 'Moon River'
등 많은 히트곡을 불렀다.
특히 왈츠풍의 노래를 많이 불러 '왈츠의 여왕'이라고 불린다.

부드럽고 섬세한 목소리와 상냥한 톤이 밝은 노래와 아주 어울린다.
그래서 특히 군인들이 많이 그녀의 노래를 좋아했다고 한다.
'Changing Partners' 역시 그녀의 아름답고 부드러운 목소리가
잘 어울리는 곡으로 다른 어떤 가수도 이처럼 분위기를 내기가 쉽지 않다.
마음에 드는 남자가 다시 자신의 춤 파트너가 되기를 바라는 마음으로
'파트너를 바꾸라'는 리더의 목소리를 애절하게 기다리는
처녀의 마음을 섬세하게 표현하고 있는 아름다운 노래이다.

노래가 길지 않아 피아노나 기타와 같은 악기를 처음 배울 때
익히기 쉬운 곡이다. 화성도 3가지 기본 화음을 위주로 하기 때문에
코드를 외워서 연주하기도 편하다.
왈츠 리듬을 익히기 시작하는 초보자에게 적당한 곡으로
화음이 쉬우니까 조성을 바꾸어 연습을 할 때도 좋다.
노래가 길지 않아 계명으로 외워서 연주하기에도 부담이 없다.
계명을 외워 멜로디와 화음을 함께 연주하면서
조성을 바꾸는 연습을 하면 더욱 좋다.
계명을 외워서 연주하다 보면 언젠가 머지 않아

2.6.A. 한글 부분

Changing partners

우리는 꿈같은 멜로디에 맞추어
왈츠를 추고 있었죠
"Changing partner!"라고 말하면
당신은 나에게 멀어져 갔죠
지금 나의 팔은 너무 허전함을 느껴요
물끄러미 바닥을 바라보면서
나는 "파트너를 바꾸기"를 할 것입니다.
당신을 다시 안을 수 있을 때까지 말이지요.

우리는 아주 잠시 동안 춤을 추었음에도
빨리 멀어져야만 했어요
그 너무나 멋있는 시간 동안
내 마음에 뭔가가 일어났어요
그래서 나는 계속 파트너를 바꿀 거에요
당신이 다시 나의 팔 안에 올 때까지
오, 사랑하는 그대여!
그리고 다시는 파트너를 바꾸지 않을 거에요

2.6.A-1 영작 1단계 – 문장 찾기와 여러 개로 구분하기

1	우리는 꿈 같은 멜로디에 맞추어 왈츠를 추고 있었지요
2	"Changing Partner"라고 말하면
2-1	당신은 나에게 멀어져 갔죠
3	지금 나의 팔은 허전함을 느껴요
4	물끄러미 바닥을 바라보면서
4-1	나는 '파트너 바꾸기'를 할 것입니다
4-2	당신을 다시 안을 수 있을 때까지
5	우리는 잠시 동안 추었음에도
5-1	빨리 떨어져야만 했어요
6	너무나 멋있는 시간 동안 내 마음에 뭔가가 일어났어요
7	그래서 난 파트너를 계속 바꿀 거에요
7-1	당신이 다시 나의 팔 안에 올 때까지
8	그리고 다시 나는 파트너를 바꾸지 않을 거에요

2.6.A-2 영작 2단계 – 주어, 동사 찾기와 동사의 시제 결정

1	우리는 왈츠를 추고 있었어요	과거진행
2	그들이 소리치면	과거
2-1	당신은 멀어져 갔죠	과거
3	나의 팔은 느껴요.	현재
4	나는 바라보며	현재
4-1	나는 계속할 것입니다	미래
4-2	내가 안는다	현재
5	우리는 추었어요	과거

5-1	우리는 해야만 했어요	과거
6	뭔가가 일어났어요	과거
7	나는 계속할 것에요	미래
7-1	당신이 존재 할 때까지	현재
8	나는 바꾸지 않을 거에요	미래

2.6.A-3 영작 3단계 - 문장의 형식 결정

1	우리는 왈츠를 추고 있었어요	P1
2	그들이 소리치면 "Changing Partner"	P3
2-1	당신은 멀어져 갔죠	P1
3	나의 팔은 허전함을 느껴요	P3
4	나는 바닥을 바라보며	P3
4-1	나는 바꾸는 것을 계속할 것입니다	P3
4-2	내가 당신을 안을 때까지	P3
5	우리는 추었어요	P1
5-1	우리는 헤어지는 것을 해야만 했어요	P3
6	뭔가가 일어났어요	P1
7	나는 바꾸는 것을 계속할 것에요	P3
7-1	당신이 존재 할 때까지	P1
8	나는 파트너를 바꾸지 않을 거에요	P3

2.6.A-4 영어의 Pattern 순서로 위치 변경

no	S	V	C or O	O or C	P#
1	우리는	왈츠를 추었어요	-같이	-꿈같은 멜로디에	1
2	-때 그들이	소리치면	"changing partner"		3
2-1	-그리고 당신은	멀어져 갔죠	-나로부터		1
3	-지금 나의 팔은	느껴요	-너무 허전함을		3
4	나는	바라보며	바닥을		3
4-1	나는	계속할 것입니다	바꾸는 것을 -파트너를		3
4-2	-까지 내가	안다	당신을	-다시 한번	3
5	-음에도 우리는	추었어요	잠시 동안		1
5-1	우리는	해야만 했어요	헤어지는 것을	빨리	3
6	-그야말로 -굉장한 순간 뭔가가	일어났어요	내 마음에		3
7	-그래서 나는	계속할 거에요	바꾸는 것을 -파트너를		3
7-1	-까지 당신이	존재하다	-나의 팔 안에		1
8	-그때는 나는	바꾸지 않을 거에요	파트너를	-다시	3

2.6.B. 영어 부문

Changing partner

We were waltzing together
to a dreamy melody.
When they called out
"Change partners"
and you waltzed away from me.
Now my arms feel so empty.
As I gaze around the floor
and I'll keep on changing partners
till I hold you once more.

Though we danced for one moment
and soon we had to part
In that wonderful moment,
something happened to my heart.
So I'll keep changing partners
till you're in my arms and
then, oh!, my darling
I will never change partners again.

(* 읽기 목표 시간 – 25초)

2.1.B-1 번역 1단계 - 문장 구분하기

1	We were waltzing together to a dreamy melody
2	When they called out "Changing Partners"
2-1	you waltzed away from me
3	My arms feel so empty
4	As I gaze around the floor
4-1	I will keep on changing partners
5	Though we danced for one moment
5-1	soon we had to part
6	In that wonderful moment something happened to my heart
7	I will keep changing partners
7-1	till you are in my arms
8	And I will never change partners again

2.1.B-2 번역 2단계 - 주어, 동사 찾기와 동사의 시제 파악

1	We were waltzing	과거진행
2	When they called out	과거
2-1	you waltzed	과거
3	My arms feel	현재
4	As I gaze around	현재
4-1	I will keep on	미래
5	we danced	과거
5-1	we had	과거
6	something happened to	과거
7	I will keep	미래

7-1	you are	현재
8	I will never change	미래

2.1.B-3 번역 3단계 - 문장의 형식 파악

1	We were waltzing	P1
2	they called out "Changing Partners"	P3
2-1	you waltzed	P1
3	My arms feel so empty	P2
4	I gaze around the floor	P3
4-1	I will keep on changing	P3
5	we danced	P1
5-1	we had to part	P3
6	something happened to	P1
7	I will keep changing	P3
7-1	you are	P1
8	I will never change partners	P3

2.1.B-4 번역 4단계 - 복문장의 경우 문장과 문장과의 관계 파악

2	When they called out "Changing partners"	
2-1	you waltzed away from me	2번 문장 조건에 대한 결과의 문장 -It형
4	As I gaze around the floor	

4-1	I will keep on changing partners	4번 문장 조건에 대한 결과의 문장 -It형
5	Though we danced for one moment	
5-1	soon we had to part	5번 문장 조건에 대한 결과의 문장 -It형
7	I will keep changing partners	
7-1	till you are in my arms	7번 문장이 되기 위한 조건 -Dw형

- 복문장의 형태인 Pr형, At형에 대한 설명은
  필자의 저서 - '복문장 영작의 모든 것' 참조

2.6.B-5 Pattern 순서로 분리

no	S	V	C or O	O or C	P#
1	*We*	*were waltzing*	-together	to a dreamy melody	1
2	-When *they*	*called out*	*"changing partners"*		3
2-1	*you*	*waltzed*	-away	-from me	1
3	*my arms*	*feel*	*so empty*		2
4	-As *I*	*gaze around*	the floor		3
4-1	*I*	*will keep on*	*changing*	-partners	3
4-2	-till *I*	*hold*	*you*	-once more	3
5	-Though *we*	*danced*	for one moment		1
5-1	-soon *we*	*had*	*to part*		3
6	-In that wonderful moment *something*	*happened to*	my heart		1
7	*I*	*will keep*	*changing -partners*		3

7-1	-till **you**	**are**	-in my arms	-and -then	1
8	**I**	**will never change**	**partners**	again	3

2.6.C. 문장 분석

Though we danced for one moment and soon we had to part.

2개의 문장으로 구성
(1) Though we danced for one moment.
(2) soon we had to part.

위의 경우와 같은 복문장의 경우는 2개의 문장의 나열하는 순서를 정할 때는 시간의 흐름대로 나열하여야 한다. 앞의 1번 문장의 흐름 뒤에 따라서 오는 동작이 2번 문장이므로 복문장 패턴 중에서 시간의 흐름(process)형이라고 할 수 있다.
✓ 필자의 저서 (한국인에게 맞는 영문법 중 '복문장의 형태' 참조)

- 1번 (주어 + 동사) 1형식 문장 과거
- 2번 (주어 + 동사 + 동사의 목적어) 3형식 문장의 과거

We had to part의 문장에서 had to는 have to의 과거이다.
이 문장은 have가 조동사가 아닌 동사로 사용된 경우이고 그 뒤에 'to + 동사의 원형'인 '부정사'가 오는 관용적 표현으로 '~해야만 한다'라는 의미를 가진다. 이 문장은 과거이므로 "~ 해야만 했다'라고 해석한다.
흔히 'have to'가 조동사처럼 쓰인다고 언급한 문법책이 많이 있는데 그것은 완전히 잘못된 해석이다. 만일 그렇다면 부정문을 만들 때 'have(has) not to'라고 해야 하는데 'don't have to'라고 하기 때문에 have는 완전히 동사로 쓰인 것으로 보아야 한다. 마찬가지로 과거는 'had not to'가 아니라 '~ didn't have'이다.

2.7 El condor pasa

'Simon & Garfunkel'이 불러서 세상에 알려진 곡이지만
원래는 페루의 전통 음악으로 나중에 가사가 붙여졌다.
스페인 통치하에 있던 시절 농민혁명 이끌다 체포되어 형장의 이슬로 사라진
'호세 가브리엘 콘도르칸키'를 기리기 위해 그의 이야기를
노래의 가사에 담아 오페라로 연주하면서 불려지기 시작하였다.
칠레는 잉카 문명의 중심지였으며 '콘도르'는 독수리를 뜻한다.

칠레의 음악은 스페인의 음악의 영향을 받은 원주민인 인디언들이
자신들의 리듬과 음악을 합쳐 고유한 자신만의 음악을 탄생시킨다.
우리나라 전철역 등에서 가끔 들을 수 있는 칠레 사람들의 음악연주가
바로 이들의 음악이다.
안데스 산맥에 위치한 페루는 산악지대가 전국의 대부분을 차지하기 때문에
유목민들이 많으며 그들은 음악을 매우 사랑하고 자신만의 음색을 내기 위해
고유한 악기들을 많이 사용하고 있다.

스페인의 대표적인 음악인 '플라멩고'는 고유한 리듬 색채를 갖고 있으며
기타와 무용 그리고 노래 세가지가 조화를 이루며 연주한다.
이러한 음악이 쿠바를 거쳐 남아메리카로 흘러 들어오면서
라틴음악의 장르가 만들어지게 된다.
라틴음악은 주로 춤을 추기 위한 음악으로 발전되었다.

'El Condor Pasa'는 기타의 한 줄을 지속적으로 피크로 튕기면서 연주하는
트레몰로 기법으로 음악이 시작된다.
만돌린에서 주로 많이 사용되는 이 트레몰로가 기타에서는 독특한
슬픈 음색을 만들어 낸다.
나무로 깎아 만든 팬플루트로도 많이 연주되는데
나무로 만들어진 악기의 음색이 잘 어울리는 음악이다.
그래서 노래보다 다양한 악기로 연주된 음악이 더 많다.

2.7.A. 한글 부분

El condor pasa

달팽이보다는 참새가 되는 것이
차라리 좋았을 거야
그래 그랬을 거야
할 수만 있다면, 꼭 그렇게 했을 거야
못보다는 망치가 되는 것이
차라리 좋았을 거야
그래 그랬을 거야
할 수만 있다면, 꼭 그렇게 했을 거야
차라리 멀리 배를 타고 떠날 걸 그랬어
여기서 있다 떠나버린 백조처럼 말이지

사람은 땅에 매여 사는 거야
이 세상에 가장 슬픈 소리를 사람이 준 거라구
정말이지 가장 슬픈 소리를…
도시의 거리보다
차라리 숲이 되는 게 좋았을 것을
그래 그랬을 거야
할 수만 있다면 그렇게 되었을 거야
차라리 발 아래 땅을 느낄 걸 그랬어
그래 그랬을 거야
할 수만 있다면 그렇게 할 걸 그랬어

2.7.A-1 영작 2단계 - 문장 찾기와 여러 개로 구분하기

1	달팽이보다 참새가 되는 게 차라리 좋았을 거야
2	그래, 그랬을 거야
3	할 수만 있다면
3-1	꼭 그렇게 했을 거야
4	못보다는 망치가 되는 것이 차라리 좋았을 거야
5	차라리 배를 타고 멀리 떠날 걸 그랬어
5-1	여기서 있다 떠나버린 백조처럼 말이지
6	사람은 땅에 매어 사는 거야
7	이 세상에다 가장 슬픈 소리를 사람이 준 거라고
8	가장 슬픈 소리
9	도시의 거리보다 숲이 차라리 되는 게 좋았을 것을
10	차라리 발 아래 땅을 느낄 걸 그랬어

2.7.A-2 영작 2단계 - 주어, 동사 찾기와 동사의 시제 결정하기

1	나는 차라리 좋았을 거야	가정법과거
2	나는, 그랬을 거야	가정법과거
3	내가 할 수만 있다면	가정법과거
3-1	나는 꼭 그렇게 했을 거야	가정법과거
4	나는 차라리 좋았을 거야	가정법과거
5	나는 차라리 배를 탔어야 했어	가정법과거
5-1	그것은 가버렸어	현재
6	사람은 되는 거야	현재
7	그 사람이 주는 거야	현재

8	가인칭 이야	현재
9	나는 차라리 좋았을 거야	가정법과거
10	나는 차라리 느낄 걸 그랬어	가정법과거

2.7.A-3 영작 3단계 – 문장의 형식 결정

1	달팽이보다 참새가 되는 게 차라리 좋았을 거야	P2
2	그래, 그랬을 거야	P2
3	할 수만 있다면	P2
3-1	꼭 그렇게 했을 거야	P2
4	못보다는 망치가 되는 것이 차라리 좋았을 거야	P2
5	차라리 배를 타고 떠날 걸 그랬어	P1
5-1	여기서 있다 떠나버린	P1
6	사람은 땅에 매어 사는 거야	P1
7	이 세상에다 가장 슬픈 소리를 사람이 준 거라고	P4
8	가장 슬픈 소리	P2
9	도시의 거리보다 숲이 차라리 되는 게 좋았을 것을	P2
10	차라리 땅을 느낄 걸 그랬어	P3

2.7.A-4 영어의 Pattern 순서로 위치 변경

no	S	V	C or O	O or C	P#
1	나는	차라리 되는 게 좋았을 거야	참새가	-달팽이 보다	2
2	-맞아 나는	그랬을 거야			2
3	-만일 내가	할 수 있었다면			2
3-1	나는	확실히 그랬을 거야			2
4	나는	차라리 되는 게 좋았을 거야	망치가	-못보다	2
5	나는	차라리 배를 탔어야 했어	-멀리	-마치 -백조(5-1)처럼	1
5-1	그것은	있어 가버렸어	여기		1 1
6	사람은	되는 거야	매어진 채	-땅에	2
7	그 사람이	주는 거야	세상에다	가장 슬픈 소리를	4
8	가인칭	이야	가장 슬픈 소리		2
9	나는	차라리 되는 게 좋았을 거야	숲이	-거리보다	2
10	나는	차라리 느끼는 게 좋았을 거야	땅을	-아래 -내 발	3

2.7.B. 영어 부문

El condor Pasa

I'd rather be a sparrow than a snail
Yes I would
If I could, I surely would
I'd rather be a hammer than a nail
Yes I would
If I only could, I surely would

Away, I'd rather sail away
like a swan that's here and gone
A man gets tied up to the ground
He gives the world its saddest sound
It's saddest sound
I'd rather be a forest than a street
Yes I would
If I could, I surely would
I'd rather feel the earth beneath my feet
Yes I would
If I only could, I surely would

(* 읽기 목표 시간 – 25초)

2.7.B-1 번역 1단계 – 문장 구분하기

1	I would rather be a sparrow than a snail
2	Yes, I would
3	If I could
3-1	I surely would
4	I would rather be a hammer than a nail
5	Away I would rather sail away like a swan
5-1	That is here and gone
6	A man gets tied up to the ground
7	He gives the world its saddest sound
8	It is saddest sound
9	I would rather be a forest than street
10	I would rather feel the earth beneath my feet

2.7.B-2 번역 2단계 – 주어, 동사 찾기와 동사의 시제 파악

1	I would rather be	가정법과거
2	Yes, I would (be)	가정법과거
3	If I could (be)	가정법과거
3-1	I surely would be	가정법과거
4	I would rather be	가정법과거
5	I would rather sail	가정법과거
5-1	That is	현재
	(is) gone	현재
6	A man gets	현재
7	He gives	현재
8	It is	현재

9	I would rather be	가정법과거
10	I would rather feel	가정법과거

2.7.B-3 번역 3단계 – 문장의 형식 파악

1	I would rather be a sparrow	P2
2	Yes, I would (be a sparrow)	P2
3	If I could (be a sparrow)	P2
3-1	I surely would (be a sparrow)	P2
4	I would rather be a hammer	P2
5	I would rather sail away	P1
5-1	That is	P1
	and (is) gone	P1
6	A man gets tied up to the ground	P3
7	He gives the world its saddest sound	P4
8	It is saddest sound	P2
9	I would rather be a forest	P2
10	I would rather feel the earth	P3

2.7.B-4 번역 4단계 - 복문장의 경우 문장과 문장간의 관계 파악

3	If I could (be a sparrow)	
3-1	he had to work	2문장 'said'의 목적어 문장
3-1	I surely would (be a sparrow)	3번 조건에 따른 결과의 문장 -It형

6	If I only could (be a hammer)	
6-1	I surely would (be a hammer)	6번 조건에 따른 결과의 문장 -It형
7	Away I would rather sail away like a swan	
7-1	That is here and gone	7번 문장 a swan에 대한 설명 -At형

- 복문장의 형태인 It형, At형에 대한 설명은 필자의 저서 – '복문장 영작의 모든 것'에 나오는 복문장을 연결하는 7가지 규칙 참조

2.7.B-5. Pattern의 순서로 분리

no	S	V	C or O	O or C	P#
1	I	would rather be	a sparrow	-than -a snail	2
2	-Yes I	would (be)	(a sparrow)		2
3	-If I	could be	(a sparrow)		2
3-1	I	-surely would be	(a sparrow)		2
4	I	would rather be	a hammer	-than -a nail	2
5	-Away I	would rather sail	away	-like -a swan (7-1)	1
5-1	that	is (is) gone	here and		1 1
6	A man	gets	tied up	-to the ground	2
7	He	gives	the world	its saddest sound	4
8	It	is	saddest sound		2
9	I	would rather be	a forest	-than -street	2
10	I	would rather feel	the earth	-beneath -my feet	2

2.7.C. 문장 분석

    I'd rather be a sparrow than a snail
      위의 문장의 원래 형태는 다음과 같다.
    I would rather be a sparrow than a snail.

- 여기서 사용한 'rather' 부사는 '차라리'의 의미를 가지며 보통 동사의 앞에서 사용한다. 'and'와 마찬가지로 동사를 두 개를 사용할 수 있다. 예를 들면
    I eat rather drink something.
이렇게 표현하면 '마시는 것보다 먹는 게 차라리 좋아'의 뜻이 된다.

- Would'는 'will'의 과거이다. 그러므로 정확히 말하면 과거에서 미래를 표현할 때 사용한다. 그러므로 가정해서 말할 때 사용하게 된다. 예를 들면
I will love you - 나는 너를 사랑할 거야
I would love you – 나는 너를 사랑했을 거야
뜻이 된다.
그러므로
I could love you – 나는 너를 사랑할 수 있었어
I should love you – 나는 너를 사랑해야만 했어
I might love you – 나는 너를 사랑했을지도 몰라

위와 같이 사용하기 때문에 주로 가정법에서 사용한다. 만일 현재형에서 사용하면 과거처럼 말하는 것이 되기 때문에 간접적표현이 되고 미국(영국) 사람들은 과거식으로 표현하는 방식이 간접적으로 말하는 즉 정중한 표현이 되는 것이다.

2.8 Evergreen

영국 출신 가수 'Susan Jacson'이 부른 노래이다.
가수뿐만 아니라 배우로도 활동하였지만 국내에는 이 노래 외에
그다지 알려진 바가 없으며 미국이나 영국에서도 이 노래는
그렇게 히트한 곡은 아니지만 국내에서는 어느 드라마에 이 곡이 삽입되면서
알려지기 시작하였고 애잔하고 부드러운 멜로디로 인해
우리나라 사람들에게 사랑을 많이 받은 곡이다.
곡의 제목에서도 알 수 있듯이 '상록수'처럼 언제나 변함없는 사랑을
약속하는 사랑 노래이다.

4분의 4박자의 느린 템포의 곡으로 연주의 테크닉보다는
노래의 가사를 위주로 하는 음악이므로 곱게 부르는 것이 중요하다.
화음도 비교적 단순하여 3화음 위주로 진행하다 중간에
마이너(minor)의 화성을 잠깐 사용할 때가 있다.
이처럼 우리나라 사람들은 minor의 화성과 major의 화성이
서로 오가는 음악을 좋아하는 편이다.
예를 들면 다장조에서 C 코드가 사용되면 관계조인 Am 코드와
이 코드와 관련된 E 코드가 사용되며 서로 교차하는 것을 말한다.
단조의 우울함과 장조의 밝음이 바뀌는 부분이 좋게 들린다.

못 갖춘 마디의 노래이므로 정박자보다 항상 노래 가사가
먼저 시작되어야 하는 것이 초보 연주자에겐 다소 어렵다.
노래만 부를 때는 쉬어 보이던 부분이 직접 반주를 하면서 부를 땐
간단하지가 않다. 그렇지만 이런 종류의 연주를 익숙하게 해야
같은 부류의 음악을 연주하면서 노래할 수 있게 된다.
생각보다 이런 종류의 음악이 많으며 대개 서정적인 노래일수록 그렇다.

2.8.A. 한글 부분

Evergreen

때때로 사랑은
봄에 피어날 것입니다
여름 꽃들처럼 자랄 것이고
차가운 바람이 불기 시작하는 겨울이면
꽃은 시들어 버릴 것입니다

하지만 언제나 푸르고 푸르면
여름 내내 겨울에도 푸르름은
유지되고 있을 것입니다.
당신을 향한 나의 사랑처럼
언제나 사랑이 푸르고 푸르다면

그러니 내 손을 잡고 말해줘요
기쁠 때나 슬플 때나
내 사랑이 될 것이라고 말이에요
우리는 온 세상이 보게 할 것입니다.
항상 우리의 사랑이
어느 해라도 푸르고 있기를

2.8.A-1 영작 1단계 – 문장 찾기와 여러 개로 구분하기

1	때때로 사랑은 봄에 피어날 것입니다
2	여름 꽃들처럼 자랄 것이고 겨울에는 사라질 것입니다
2-1	차가운 바람이 불기 시작하는
3	하지만 언제나 푸르고 푸르면
3-1	여름 내내 겨울에도 푸르름은 유지될 것입니다
3-2	당신을 향한 나의 사랑처럼 사랑은 푸릅니다
4	그러니 잡아주세요 내 손을 그리고 말해 주세요 나에게
4-1	당신은 기쁠 때나 슬플 때나 내 사람이 될 거라고
5	우리는 온 세상이 보게 할 것입니다
6	항상 우리의 사랑이 어느 해라도 푸르게 있기를

2.8.A-2 영작 2단계 – 주어, 동사 찾기와 동사의 시제 결정하기

1	사랑은 피어날 것입니다	미래
2	자랄 것이고 사라질 것입니다	미래 미래
2-1	차가운 바람이 불기 시작하는	현재
3	가인칭 입니다	현재
3-1	가인칭 유지될 것입니다	미래
3-2	사랑은 입니다	현재
4	(당신은) 잡아주세요 (당신은) 말해 주세요	현재 현재
4-1	(당신은) 될 거라고	미래

5	우리는 할 것입니다	미래
6	우리의 사랑이 있기를	미래

2.8.A-3 영작 3단계 - 문장의 형식 결정하기

1	사랑은 피어날 것입니다	P1
2	자랄 것이고	P1
	사라질 것입니다	P1
2-1	차가운 바람이 불기 시작하는	P3
3	가인칭 언제나 푸르고 푸릅니다	P2
3-1	가인칭 유지될 것입니다	P1
3-2	사랑은 푸릅니다	P2
4	그러니 잡아주세요 내 손을	P3
	그리고 말해 주세요 나에게	P4
4-1	(당신은) 내 사람이 될 거라고	P2
5	우리는 온 세상이 보게 할 것입니다	P5
6	우리의 사랑이 푸르게 있기를	P2

2.8.B-4 영어의 Pattern 순서로 위치 변경

no	S	V	C or O	O or C	P#
1	-가끔 사랑은	필 것입니다	-봄에		1
2	-여름의 -꽃들처럼 가인칭	자랄 것입니다 사라질 것입니다	 겨울에는		1 1
2-1	-때에는 차가운 바람이	시작합니다	부는 것을		3
3	-하지만 가인칭	입니다	푸릅니다		2
3-1	가인칭	유지될 것입니다	-여름 내내	-겨울에도	1
3-2	-되면 사랑이	입니다	푸릅니다	-나의 사랑처럼 -당신을 향한	2
3-3	가인칭	유지될 것입니다	-여름 동안	-겨울에도 역시	1
4	-그러니 (당신은) 그리고	잡아주세요 말해 주세요	내 손을 나에게	 4-1	3 4
4-1	당신은	될 것입니다	내 것이	-기쁠 때나 -슬플 때나	2
5	우리는	하게 할 것입니다	온 세상이	보게	5
6	우리의 사랑은	존재할 것입니다	푸르게	-어느 해라도	2

2.8.B. 영어 부문

Evergreen

Sometimes love will bloom
in the springtime
Then like flowers in summer
it will grow
then fade away in the winter
when the cold wind begins to blow
But when it's evergreen, evergreen
it will last through the summer
and winter too
when love is evergreen, evergreen
like my love for you
So hold my hand and
tell me you'll be mine
through laughter and through tears
We'll let the whole world see
Our love will be evergreen
through all the years
For when it's evergreen, evergreen
it will last through the summer and winter too
when love is evergreen, evergreen
like my love for you

(* 읽기 목표 시간 – 32초)

2.8.B-1 번역 1단계 - 문장 구분하기

1	Sometimes love will bloom in the springtime
2	Then like flowers in summer it will grow then it fade away in the winter
2-1	when the cold wind begins to blow
3	But when it is evergreen
3-1	it will last through the summer and winter too
3-2	when love is evergreen like my love for you
4	So hold my hand and tell me
4-1	you will be mine through laughter and through all the tears
5	We will let the whole world see
6	Our love will be evergreen through all the years

2.8.B-2 번역 2단계 - 주어, 동사 찾기와 동사의 시제 결정하기

1	Love will bloom	미래
2	it will grow	미래
	then (will) fade away	미래
2-1	the cold wind begins	현재
3	it is	현재
3-1	it will last	미래
3-2	love is	현재
4	So hold my hand	현재
	and tell me	현재
4-1	you will be	미래

5	We will let	미래
6	Our love will be	미래

2.8.B-3 번역 3단계 – 문장의 형식 결정하기

1	love will bloom	P1
2	it will grow	P1
	it (will) fade away in the winter	P1
2-1	when the cold wind begins to blow	P3
3	But when it is evergreen	P2
3-1	it will last	P1
3-2	when love is evergreen	P2
4	So hold my hand	P3
	and tell me	P4
4-1	you will be mine	P2
5	We will let the whole world see	P5
6	Our love will be evergreen	P2

2.8.B-4 번역 4단계 - 복문장의 경우 문장과 문장간의 관계 파악

2	Then like flowers in the summer It will grow then it(will) fade awa in the winter	
2-1	when the cold wind begins to blow	2-1번 문장이 되기 위한 조건을 설명 -Dw형

3	But when it is evegreen	
3-1	it will last through the summer and the winter too	3번 문장의 조건에 대한 결과에 대해 설명 -It형
3-2	when love is evergreen like my love for you	3-1의 문장이 되기 위한 조건을 설명 -Dw형
4	So (you) hold my hand and (you) tell me	
4-1	you will be mine through laughter and through all the tears	4번 tell 동사에 대한 2번째 목적어 즉 직접목적절(제2목적절) -Fp44형

- 복문장의 형태인 Dw형, It형, Fp33형에 대한 설명은 필자의 저서 - '복문장 영작의 모든 것'에 나오는 복문장을 연결하는 7가지 규칙 참조

2.8.B-5 Pattern의 순서로 분리

no	S	V	C or O	O or C	P#
1	-Sometimes *love*	*will bloom*	-in the spring		1
2	-Then -like flowers -in summer *it* -then *(it)*	*will grow* *fade away*	 -in the winter		1 1
2-1	-when *the cold wind*	*begins*	*to blow*		3
3	-But -when *it*	*is*	*evergreen*		2
3-1	*it*	*will last through*	-the summer and -the winter	too	1
3-2	*-when* *love*	*is*	*evergreen*	-like my love -for you	2
4	*-So* *(you)* -and *(you)*	*hold* *tell*	*my hand* *me*	 *4-1*	3 4

4-1	*you*	*will be*	*mine*	-through laughter and -through all the tears	2
5	*We*	*will let*	*the whole world*	*(to) see*	5
6	*Our love*	*will be*	*evergreen*	-through -all the years	2

2.8.C. 문장 분석

It will last through the summer and winter too.

이 문장에서 'last'가 무슨 뜻일까?
만일 '마지막'이라고 답했다면 영어 사전을 사용할 줄 모를 가능성이 크다. 왜냐하면 여기서 'last'는 동사로 사용되었기 때문이다. 주어 다음에 위치하고 'will' 조동사 옆에 있기 때문이다. 이처럼 영어에서는 같은 단어가 동사도 되고 명사도 되고 부사, 형용사도 될 수 있는데 전부 위치에 따라 품사가 달라진다.

'love'는 'I love you'에서 주어 다음에 위치하므로 'love'는 동사이고
'Love is beautiful'에서는 주어의 자리에 위치하므로 명사가 된다.
영어 사전을 찾기 전에 우선 품사를 파악해야 한다. 영어에서 단어를 나열하는 순서를 정확히 파악하고 있어야 가능하다. 또 동사는 목적어가 필요 없는 '자동사'와 목적어가 필요한 '타동사'로 나뉘어지는데 문장 안에서 다르게 사용된다.
예를 들어

'I stopped smoking' 에서 stop은 타동사로 사용된 것이므로 'smoking'은 stop의 목적어가 되고 '담배를 끊은 게' 되는 것이다.

그러나 'I stopped to smoke'에서는 'stop'은 자동사로 사용된 것이다. 그러므로 주어 '나'가 멈춘 것이므로 위의 타동사 문장과는 전혀 반대의 뜻이 된다.

'last' 는 동사로 '유지한다', '지속한다'의 뜻을 가지고 있다.

2.9 For the goodtime

크리스 크리스토퍼슨이 불러서 히트한 부드럽고 아름다운 곡이다. 문학박사 출신의 엘리트 가수인 그는 영화로 1971년 영화로 데뷔하여 1984년 골든 글로브 남우주연상을 받는 등 예술적 재능도 뛰어나다. 그 때 주연을 맡았던 영화가 바브라 스트라이샌드와 함께 출연한 영화 '스타 탄생(Star was born)'이라는 뮤지컬이었다.

명예의 전당 컨트리부문에 이름을 올리기도 하였던 그는 문학부문에서 박사학위를 받아 매우 지적인 예술인으로 인정받고 있다. 가창력에서 다소 논란을 일으켰던 것은 사실이지만 대중음악에서는 노래의 가창력보다는 자기만의 새로운 음악세계를 구축하였다거나 대중들로부터 얼마나 개성 있는 음악과 노래로 인기를 얻었느냐가 중요한 요소이기 때문에 그다지 문제될 것은 아니다. 어쨌든 그래서인지 이 노래는 다른 가수들도 많이 불렀고 또 그 버전의 노래들이 더 많이 방송을 타고 있기도 하다. 특히 케니로저스가 부른 곡이 더 호소력 있게 들리기도 한다.

이 노래의 가사도 철학적 내용을 은근히 담고 있다. 내일 어떤 일이 온다고 하여도 오늘 우리가 서로 사랑하고 오늘에 충실하게 사는 것이 더 중요하다는 것을 호소하고 있다. 그래서 그가 부른 노래의 버전은 가창력보다는 프랑스의 샹송처럼 읊조리듯 편안하게 어떤 기교도 없이 가사를 낭독하는 듯 하다. 간단하게 진행하는 화성과 음폭이 넓지 않고 낮은 음 위주로 이루어져 연주를 하면서 노래를 불러도 크게 부담이 없다. 다만 노래가 너무 늘어지지 않게 속도를 일정하게 잘 유지하여야 한다. 특히 혼자 기타를 치며 노래를 부르는 사람들은 이런 노래를 부를 때 너무 감정에 쌓여 부르면 일정한 속도를 유지하기 힘들다. 그렇게 부르면 노래가 지저분해지고 매력이 줄어든다. 혼자서 연주하고 노래 부르는 사람들의 최대의 약점이다.

2.9.A. 한글 부분

For the good time

그렇게 슬픈 얼굴을 하지 말아요
난 알아요, 모든 것이 끝났다는 걸.
그렇지만 인생은 흘러가는 것
그리고 여전하게 세상은 항상 돌고 돌잖아요
이제 기쁘게 지내자구요.
우리가 함께 많은 시간을 보냈잖아요
이미 불타고 있던 다리를 볼 필요는 없잖아요
내 베개에 머리를 베고 누우세요.
그리고 당신의 따뜻하고 부드러운 몸을 나에게 기대세요
창문에 가볍게 부딪히며 속삭이는 빗소리를 들어보세요.
우리들의 좋은 시간을 위해
한번 더 당신이 나를 사랑한다는 걸 믿는 척이라도 하세요.
나는 외로울 거에요.
만일 당신이 다른 사람을 찾아 나선다면 말이지요.
나는 여기에 있을 거에요.
만일 그 좋은 시간을 위해
당신이 나를 꼭 필요로 한다는 것을 알아야만 한다면
당신이 떠나도 슬픔을 느낄 시간은 많이 있으니까
내일이나 영원에 대하여 말하지 말아요.
더 좋은 시간을 위해 말이지요.

2.9.A-1 영작 1단계 – 문장 찾기와 여러 개로 구분하기

1	그렇게 슬픈 얼굴을 하지 말아요
2	난 알아요
2-1	모든 것이 끝났다는 걸
3	그렇지만 인생은 흘러가는 것
3-1	그리고 여전하게 세상은 항상 돌고 돌잖아요
4	이제 기쁘게 지내자구요
5	우리는 함께 많은 시간을 보냈잖아요
6	다리를 볼 필요가 없잖아요
6-1	이미 불타고 있는 중인
7	내 베게에 머리를 베고 누우세요
8	그리고 당신의 따뜻하고 부드러운 몸을 나에게 기대세요
9	창문에 가볍게 부딪히며 속삭이는 빗소리를 들어보세요
10	믿는 척이라도 하세요
10-1	당신이 나를 사랑한다는 걸
11	나는 외로울 거에요
11-1	만일 당신이 다른 사람을 찾아 나선다면
12	나는 여기에 있을 거에요
13	당신이 알아야만 한다면
13-1	당신이 나를 꼭 필요로 하는
13-2	약속하지 마세요 내일이나 영원에 대해
13-3	슬픔을 느낄 시간은 많이 있으니까
13-4	당신이 떠나도

2.9.A-2 영작 2단계 - 주어, 동사 찾기와 동사의 시제 결정하기

1	(당신은) 얼굴을 하지 말아요 (보여주지 마세요)	현재
2	난 알아요	현재
2-1	가인칭 입니다	현재
3	인생은 흘러가는 것	현재
3-1	(세상은) 계속해요	미래
4	~ 합시다	현재
5	우리는 가졌어요(보냈잖아요)	과거
6	필요가 없잖아요	현재
6-1	불타고 있는 중인	과거진행
7	누우세요	현재
8	기대세요(잡으세요)	현재
9	들어보세요	현재
10	만들어 보세요 (믿는 것을 - 믿는 척 해보세요)	현재
10-1	당신이 사랑해요	현재
11	나는 갖게 될 거에요	미래
11-1	당신이 찾을 거에요	미래
12	나는 있을 거에요	미래
13	당신이 찾아야만 한다면	가정법미래
13-1	당신이 꼭 필요로 해요	현재
13-2	약속하지 마세요 (말하지 마세요)	현재
13-3	시간이 될 거에요	미래
13-4	당신이 떠나도	현재

2.9.A-3 영작 3단계 - 문장의 형식 결정하기

1	그렇게 슬픈 얼굴을 하지 마세요	P2
2	난 알아요	P3
2-1	모든 것이 끝났다는 걸	P2
3	그렇지만 인생은 흘러가는 것	P1
3-1	그리고 여전하게 세상은 항상 돌고 돌잖아요	P3
4	이제 기쁘게 지내자구요	P5
5	우리는 함께 많은 시간을 보냈잖아요	P3
6	다리를 볼 필요가 없잖아요	P2
6-1	이미 불타고 있는 중인	P1
7	내 베게에 머리를 베고 누우세요	P3
8	그리고 당신의 따뜻하고 부드러운 몸을 나에게 기대세요	P3
9	창문에 가볍게 부딪히며 속삭이는 빗소리를 들어보세요	P3
10	믿는 척이라도 하세요	P3
10-1	당신이 나를 사랑한다는 걸	P3
11	나는 외로울 거에요	P2
11-1	만일 당신이 다른 사람을 찾아 나선다면	P3
12	나는 여기에 있을 거에요	P1
13	당신이 알아야만 한다면	P3
13-1	당신이 나를 꼭 필요로 하는	P3
13-2	약속하지 마세요 내일이나 영원에 대해	P3
13-3	슬픔을 느낄 시간은 많이 있으니까	P2
13-4	당신이 떠나도	P3

2.9.A-4. 영어의 Pattern 순서로 위치 변경

no	S	V	C or O	O or C	P#
1	(당신은)	얼굴을 하지 마세요	그렇게 슬프게		1
2	난	알아요	2-1		3
2-1	가인칭	입니다	끝났어요		2
3	-그렇지만 인생은	흘러갑니다			1
3-1	-그리고 세상은	계속합니다	돌고 있는 것을		3
4		합시다	우리가	기쁘게 되게	5
5	우리는	가졌어요	많은 시간을	-보내고 -함께	3
6	가인칭	없어요	필요가	-보는 것을 -다리를(6-1)	3
6-1	그것이	불타고 있는 중인			1
7	(당신은)	눕히세요	당신의 머리를	내 베개에	3
8	(당신은)	기대세요	-당신의 -따뜻하고 -부드러운 몸을	나에게	3
9	(당신은)	들으세요	속삭임을 -빗방울들의	-부드럽게 -창문에 부딪히는	3
10	-그리고 (당신은)	척이라도 하세요	10-1		3

10-1	당신은	사랑해요	나를	-한번 더 -좋은 시간을 위해	3
11	나는	될 거에요	외롭게		2
11-1	당신이	찾을 거에요	다른 사람을	(가정해서 말함)	3
12	-그리고 나는	있을 거에요	여기		1
13	-만일 당신이	알아야만 한다면	13-1		
13-1	당신이	꼭 필요해요	나를	-좋은 시간을 위해	3
13-2	(당신은)	말하지 마세요	한 마디를 -say a word는 약속한다는 뜻	-내일 -혹은 영원에 대해	3
13-3	가인칭	있을 거에요	시간이	-충분하게 -슬픔을 위해	3
13	-한다면 당신이	떠난다면	나를 두고	=좋은 시간을 위해	3

2.9.B. 영어 부문

For the good time

Don't look so sad
I know it's over
But life goes on and this old world keep on turning.
Let's just be glad.
We had some time to spend together.
There's no need to watch the bridges that were burning.
Lay your head up on my pillow.
Hold your warm and tender body close to mine.
Hear the whisper of the raindrops
soft against the window.
And make believe you love me
one more time for the good time.
I'll get alone, you will find another.
And I'll be here
if you should find you ever need me for the good time.
don't say a word about tomorrow or forever,
There will be time enough for sadness
when you leave me
for the good time

(* 읽기 목표 시간 - 32초)

2.9.B-1 번역 1단계 – 문장 구분하기

1	Don't look so sad
2	I know
2-1	it is over
3	But life goes on
3-1	and this old world keep on turning
4	Let us just be glad
5	We had some time to spend together
6	There is no need to watch the bridges
6-1	that were burning
7	Lay your head up on my pillow
8	Hold your warm and tender body closed to mine
9	Hear the whisper of the raindrops soft against the window
10	And make believe
10-1	you love me one more time for the good time
11	I will get alone
11-1	You will find another
12	And I will be here
12-1	if you should find another
12-2	you ever need me for the good time
13	Don't say a world about tomorrow
14	There will be time enough for sadness
14-1	when you leave me for the good time

2.9.B-2 번역 2단계 - 주어, 동사 찾기와 동사의 시제 결정하기

1	(You) Don't look	현재
2	I know	현재
2-1	it is	현재
3	life goes on	현재
3-1	this old world keep	현재
4	(You) Let	현재
5	We had	과거
6	There is	현재
6-1	that were burning	과거진행
7	(You) Lay	현재
8	(You) Hold	현재
9	(You) Hear	현재
10	(You) make	현재
10-1	you love	현재
11	I will get	미래
11-1	You will find	미래
12	I will be	미래
12-1	if you should	가정법미래
12-2	you ever need	현재
13	Don't say	현재
14	There will be	미래
14-1	you leave	현재

2.9.B-3 번역 3단계 – 문장 형식 결정하기

1	Don't look so sad	P2
2	I know	P3
2-1	it is over	P2
3	But life goes on	P1
3-1	and this old world keep on turning	P3
4	Let us just be glad	P5
5	We had some time	P3
6	There is no need	P2
6-1	that were burning	P1
7	Lay your head	P3
8	Hold your warm and tender body	P3
9	Hear the whisper of the raindrops	P3
10	(You) make believe	P3
10-1	you love me	P3
11	I will get alone	P2
11-1	You will find another	P3
12	And I will be	P1
12-1	if you should find another	P3
12-2	you ever need me	P3
13	Don't say a world	P3
14	There will be time	P2
14-1	you leave me	P3

2.9.B-4 번역 4단계 - 복문장의 경우 문장과 문장간의 관계 파악

2	I know	
2-1	It is over	2번 문장 know의 목적어로 온 문장 즉 목적절 -Fp33형
3	But life goes on	
3-1	And this old world keep on turning	3번 문장에 이어서 나열한 문장 -Pr형
6	There is no need to watch the bridges	
6-1	That were burning	6번 문장 the bridges를 설명하는 문장. 복수라서 관계대명사 that 다음에 were를 썼다 -At형
10	And make believe	
10-1	You love me one more time for the good time	10번 문장의 believe를 설명하는 문장 -At형
11	I will get alone	
11-1	you will find another	11번 문장에 이은 나열 문장 -Pr형
12	And I will be here	
12-1	If you should find another *'if 주어+should+동사'는 가정법미래에 해당하는 시제로서 불가능한 미래에 대한 가정을 '가정법미래'라고 한다. 불가능하다는 것은 지극히 주관적이므로 여기서는 '다른 사람을 찾는 것이 불가능할	12번 문장에 이은 문장 -Pr형

	것'이라는 의미로 사용한 것이다.	
12-2	You ever need me for the good time	12-1 조건에 대한 결과의 문장 -It형
14	There will be time enough for sadness	
14-1	When you leave me for the good time	14번 문장에 대한 조건의 문장 -Dw형

* Fp33, Pr, At, It, Dw형은 복문장의 7가지 형태 중에서 ('복문장영작의 모든 것' 참고)

2.9.B-5. Pattern의 순서로 분리

no	S	V	C or O	O or C	P#
1	*(you)*	**Don't look**	so sad		2
2	*I*	know	2-1		3
2-1	*it*	*is*	over		2
3	-But *life*	goes on			1
3-1	-and *this old world*	keep on	turning		3
4	*(you)*	Let	us	-just *(to) be* -glad	5
5	*We*	had	some time	to spend together	3
6	*There*	*is*	no need -to watch -the bridges (6-1)		2
6-1	*that*	were burning			1
7	*(you)*	Lay	your head	up -on my pillow	3
8	*(you)*	Hold	your warm and tender body	-close -to mine	3

9	(you)	Hear	the whisper of the raindrops	-soft -against -the window	3
10	-And (you)	make believe	10-1		3
10-1	you	love	me -one more time	-for the good time	3
11	I	will get	alone		2
11-1	you	will find	another		3
12	-And I	will be	here		1
12-1	-If you	should find	13-1		3
12-2	you	-ever need	me	-for the good time	3
13	(you)	Don't say	a word -about tomorrow -or forever		3
14	There	will be	time -enough for -sadness		2
14-1	-when you	leave	me	-for the good time	3

2.9.C. 문장 분석

Let's just be glad, we had some time to spend together.

의역 -> 우리 같이 많은 시간을 보냈으니까 기쁘게 삽시다.
직역 -> 당신은 하게 하세요 우리가 꼭 기쁘게 존재하게,
　　　　우리가 같이 보낸 시간을 가졌으므로.

- 2개의 문장으로 구성
1) 번 문장 – Let us just (to) be glad
　　5형식의 문장으로 주어 'you'가 생략된 완곡한 명령의 문장으로
　　'당신은 하세요 우리가 ~을 하게'의 뜻으로 주로 사용된다.
　　이럴 때 목적어에 대한 설명(목적보어)이 동사인 경우 'to'를 생략한다.
　　주동사가 사역동사이거나 지각동사일 경우 'to 부정사'가 목적어로
　　오면 'to'를 생략한다.

2) 번 문장 – We had some time to spend together.
　　3형식의 문장으로 동사의 시제가 과거이므로 1번 문장 다음에 접속사가 오
　　지 않더라도 과거에 어땠으니까 현재는 어떻게 하자는 의미로 자연스럽게
　　해석할 수 있다. 그러므로 영문법에서 '문장 2개가 있을 때 시제를 일치시
　　켜야 한다'는 말은 잘못된 것이다. 내용상의 의미를 파악하여 두 개의 문장
　　시제를 일치시킬 것인지 아닌지 판단하여야 하는 것이다.

- 'Let' 동사의 예제
　Let me introduce myself.
　Let me have a glass of water.
　Let us go. (Let's go)

2.10 Boxer

Paul Simon이 작곡하고 그와 듀엣을 이룬 Art Garfunkel'과 함께
불러서 세계적인 곡이 된 훌륭한 음악이다. 이 음악은 여러 분야에서
무수한 상을 받고 비틀즈 다음으로 대중음악계에 가장 영향을 끼친 가수로
Simon & Garfunkel이 손꼽히는데 기여한 그들의 대표곡이다.
컨트리 리듬과 진행을 기반으로 만들어진 이 곡은 포크가 많이 가미되어 있지만
부르는 사람에 따라 각각 다른 형태로 불리어져도 뛰어나게 들린다.
워낙 화성이 화려하고 멜로디 라인이 좋을 뿐만 아니라 가사의 내용도
서민들의 삶과 애환을 담고 있어 대중들과의 공감대도 크다.
원래 이 노래는 권투선수로 사망한 'Benny Perat'를 기리기 위해
작곡된 곡으로 권투선수들의 비참한 삶과 고통 그리고 위험한 선수생활,
그러면서 그 생활을 벗어나지 못하고 고향으로 향하지 못하는 애환을 담고 있다.

특히 이 노래는 "Simon & Garfunkel'의 뛰어난 포크 기타 연주 실력과
편곡 으로 유명한데 여기서 사용된 세 손가락으로 연주하는
'Three finger' 주법이 이 곡을 표현하는데 아주 멋지게 활용되었다.
이 연주 기법은 주로 밴조에서 사용되는 주법으로 오른손 세 손가락으로
연주를 하며 멜로디를 연주하면서 엄지손가락으로 베이스 진행을 하며
동시에 진행을 하기 때문에 얼핏 들으면 두 사람이 연주하는 것처럼 들린다.
매우 어려운 테크닉으로 컨트리음악 부문의 한 장르인
'블루그래스'에서 주로 사용되는 연주법이다.
이 연주 스타일로 연주하는 뮤지션이 국내에는 그리 많지 않아
배우기가 만만치 않다. 혼자서 매뉴얼을 보고 독학하기에도 쉽지 않다.
만일 이 기타 연주법에 도전하고 싶다면 베이스의 진행과 멜로디를 포함하는 기
타 연주 습관을 길러야 한다. 'Simon & Garfunkel'이 연주하는 Boxer와
똑같이 하고 싶다면 3 finger를 익혀야 한다.
물론 정통 컨트리 스타일로 연주해도 멋있는 곡이다.
코드진행도 다소 어려워 이 곡을 연습하게 되면 실력이 일취월장하게 된다.

2.10.A 한글 부분

Boxer

별로 나의 이야기가 거의 알려지진 않았지만
난 그냥 불쌍한 소년일 뿐이에요
헛된 말 때문에 난 나의 저항심은 다 없어졌어요
그런 건 단지 약속들이고 모두 거짓말이고 농담들이었지요
인간은 여전히 듣기 원하는 것만 듣고
그렇지 않은 것들은 무시하지요
내가 집과 가족을 떠났을 때 난 조용한 기차역에나 있는
더 이상 그런 소년이 아니었지요
겁에 질려있고, 웅크리고, 거지들 숙소나 찾아 다니는…
그들만이 알 거 같은 거지들이나 가는 곳을 찾아 다니면서 말이죠
막노동자들의 임금이나 물으며 일자리를 찾아 나섰지요
그렇지만 어떤 요청도 받지 못하고
7번가 창녀들의 유혹을 받기만 했죠
분명히 말하지만 나에게는 너무도 외로운 시절이 있었어요
난 거기서 위안을 얻었어요. 그때 난 겨울 옷가지를 정리하고
내가 갔으면 하는 바램으로 집으로 갈 거에요
나를 피눈물 나지 않게 하는 뉴욕의 겨울이 있는 곳으로 말이지요
나를 이끌며 집으로 가면서 말이지요
말끔한 권투 선수가 서 있어요, 그의 직업은 싸움꾼입니다.
그는 소리칠 때까지 상처를 입히고 때려 눕힌
권투 장갑이 모두 떠오릅니다. 분노에 차서, 부끄러우면서도 말하지요
"나는 떠날 거에요", "나는 떠날 거에요"
하지만 여전히 그 선수는 아직도 그곳을 떠나지 못하지요

2.10.A-1 영작 1단계 - 문장 찾기와 여러 개로 구분하기

1	나는 그냥 불쌍한 소년일 뿐입니다
1-1	나는 나의 이야기가 거의 알려지지 않았지만
2	헛된 일 때문에 난 나의 저항심은 다 없어졌어요
3	그런 건 단지 약속들이고 모두 거짓말들이고 농담들이었지요
4	인간은 여전히 듣고
4-1	그가 듣기 원하는 것을
4-2	그렇지 않은 것들은 무시하지요
5	내가 집과 가족을 떠났을 때
5-1	나는 더 이상 조용한 기차역에 있는 그런 소년이 아니었습니다
5-2	거지들이 가는 곳
5-3	그들이 알았을
6	나는 일자리를 찾아 나섰지요
6-1	어떤 요청도 받지 못하고
7	분명히 말하지만
7-1	나에게는 시절이 있었어요
7-2	너무나 외로운
8	난 거기서 위안을 얻었어요
9	난 겨울 옷가지를 정리하면서
9-1	내가 갔으면 하는 바램으로
9-2	집으로 갈 거에요
9-3	뉴욕 겨울은 나에게 피눈물을 나지 않게 하는 곳으로
10	말끔한 권투 선수가 서 있어요 직업이 싸움꾼인
11	그는 권투 장갑이 모두 더오릅니다
11-1	상처를 입히고 때려 눕힌
11-2	그가 소리칠 때가지

11-3	나는 떠날 거에요
12	그 선수는 남아있습니다

2.10.A-2 영작 2단계 - 주어, 동사 찾기와 동사의 시제 결정하기

1	나는 입니다	현재
1-1	나는 거의 알려지지 않았지만	현재
2	난 다 없어졌어요	현재완료
3	그런 건 ~였지요	현재
4	인간은 여전히 듣고	현재
4-1	그가 원하는	현재
4-2	무시하지요	현재
5	내가 떠났을 때	과거
5-1	나는 아니었습니다.	과거
5-2	거지들이 가는	현재
5-3	그들이 알았을	가정법과거
6	나는 왔어요	현재
6-1	어떤 요청도 받지 못하고	과거
7	분명히 말하지만	현재
7-1	시절이 있었어요	현재
7-2	내가 외로울 때가	과거
8	난 얻었어요	현재
9	난 정리하면서	과거
9-1	내가 갔으면	현재
9-2	집으로 갈 거에요	현재

9-3	뉴욕 겨울은 눈물을 나지 않게 합니다	현재진행
10	권투 선수가 서 있어요	현재
11	그는 가져옵니다(기억을)	현재
11-1	상처를 입히고 때려 눕힌	과거
11-2	그가 소리칠 때가지	과거
11-3	나는 떠날 거에요	현재진행
12	그 선수는 남아있습니다(떠나지 못하지요)	현재

2.10.A-3 영작 3단계 - 문장의 형식 결정하기

1	나는 그냥 불쌍한 소년일 뿐입니다	P2
1-1	나는 나의 이야기가 거의 알려지지 않았지만	P1
2	난 나의 저항심은 다 없어졌어요	P3
3	그런 건 단지 약속들이고 모두 거짓말들이고 농담들이었지요	P2
4	인간은 여전히 듣고	P3
4-1	그가 듣기 원하는 것을	P3
4-2	그렇지 않은 것들은 무시하지요	P3
5	내가 집과 가족을 떠났을 때	P3
5-1	나는 더 이상 그런 소년이 아니었습니다.	P2
5-2	거지들이 가는 곳	P1
5-3	그들이 알았을	P3
6	나는 일자리를 찾아 나섰지요 (여기서는 일자리를 찾으면서 왔다고 표현을 했으므로)	P1
6-1	어떤 요청도 받지 못하고	P3
7	분명히 말하지만	P3

7-1	나에게는 시절이 있었어요	P2
7-2	너무나 외로운	P2
8	난 위안을 얻었어요	P3
9	난 겨울 옷가지를 정리하면서	P3
9-1	내가 갔으면 하는 바램으로	P1
9-2	갈 거에요	P1
9-3	뉴욕 겨울은 나에게 피눈물을 나지 않게 하는 곳으로	P3
10	권투 선수가 서 있어요	P1
11	그는 권투 장갑이 모두 떠오릅니다	P3
11-1	상처를 입히고 때려 눕힌	P3
11-2	그가 소리칠 때가지	P3
11-3	나는 떠날 거에요	P1
12	그 선수는 남아있습니다	P1

2.10.A-4. 영어의 Pattern 순서로 위치 변경

no	S	V	C or O	O or C	P#
1	나는	입니다	-그냥 불쌍한 소년		2
1-1	-비록 나의 이야기	-거의 알려지지 않았다			1
2	나는	없어진 상태에요	나의 저항심이	-헛된 말 때문	3
3	그런 것은	입니다	약속들	-모두 -거짓들 -농담들	2
4	-여전히 인간은	듣는다	4-1		3
4-1	그가	원하는	듣기를		3
4-2	(그는)	무시한다	그렇지 않은 것들		3
5	-때 내가	떠났다	나의 집 나의 가족		3
5-1	나는	입니다	더 이상 아닌 소년	-조용한 속에서 -기차역의	2
5-1	겁에 질려있고 웅크리고 찾아다니는 거지 숙소들				현재 분사 들
5-2	-그곳 거지들이	가는	-찾아다니며	-곳을(5-3)	1

5-3	그들이	알았을			3
6	-물으면서 -오로지 노동자의 임금을 나는	옵니다	-찾으면서	-직업을	1
6-1	-그러나 나는	받습니다	제안도 없는 것 -단지 유혹	창녀들에게 -7번가	3 3
7	나는	-분명히 말합니다	7-1		3
7-1	가인칭	였습니다	시간들(7-2)		2
7-2	-때 나는	였습니다	외로운		2
8	나는	얻었습니다	약간의 위안	-거기서	3
9	-그때 나는	정리합니다 바랍니다	겨울 옷가지들 (9-1)	-가면서 집으로	3 3
9-1	나는	갔으면	(9-2)		1
9-2	-곳 뉴욕 겨울은	피눈물을 않게 합니다	나지 나를	-이끌며 나를 -가면서 집으로	3
10	-직업인 권투선수	서있습니다	-말끔하게		1

	싸움꾼				
11	-그리고 그는	가져옵니다	떠오르는 것들 장갑들(11-1)마다		3
11-1	그것은	눕혔습니다 상처를 입히고	그를		3
11-2	-까지 그는	소리칩니다	11-3	-분노에 차서 -부끄러우면서	3
11-3	나는	떠날 거에요			1
12	-그러나 그 선수는	-여전히 떠나지 못하지요			1

2.10.B. 영어 부문

Boxer

I am just a poor boy though my story's seldom told
I have squandered my resistance for a pocketful of mumbles.
Such are promises all lies and jests
Still a man hears what he wants to hear
and disregards the rest.
When I left my home and my family
I was no more than a boy in the quiet of the railway station
running scared, laying low, seeking out the poorer quarters
where the ragged people go
looking for the places only they would know. Lie la Lie la...
Asking only workman's wages
I come looking for a job, but I get no offers
just a come on from the whores on Seventh Avenue
I do declare, there were times when I was so lonesome
I took some comfort there. Lie la Lie ...
Then I'm laying out my winter clothes
and wishing I was gone, going home
where the New York City winters aren't bleeding me,
Leading me, going home
In the clearing stands a boxer and a fighter by his trade
And he carries the reminders
of every glove that laid him down or cut him till he cried out
In his anger and his shame
"I am leaving, I am leaving"
But the fighter still remains

(* 읽기 목표 시간 – 60초)

2.10.B-1 번역 1단계 - 문장 구분하기

1	I am just a poor boy
1-1	though my story is seldom told
2	I have squandered my resistance for a pocketful of mumbles
3	Such are promises all lies and jests
4	Still a man hears
4-1	what he wants to hear and disregards the rests
5	When I left my home and my family
5-1	I was no more than a boy in the quire of the railway stations running scared, laying low, seeking out the poorer quarters
5-2	where the ragged people go looking for the places
5-3	only they would know
6	Asking only workman's wages I come looking for a job
6-1	but I get no offers just a come on from the whores on Seventh Avenue
7	I do declare
7-1	there were times
7-2	when I was so lonesome
8	I took some comfort there
9	Then I am laying out my winter clothes Am wishing
9-1	I was gone
9-2	where the New York city winters aren't bleeding me leading me, going home
10	In the clearing stands a boxer a fighter by his trade

11	And he carries the reminders of every glove
11-1	that laid or cut him down
11-2	till he cried out in his anger and in his shame
11-3	I am leaving
12	But the fighter still remains

2.10.B-2 번역 2단계 - 주어, 동사 찾기와 동사의 시제 결정하기

1	I am	현재
1-1	my story is seldom told	현재
2	I have squandered	현재완료
3	Such are	현재
4	a man hears	현재
4-1	he wants and disregards	현재
5	I left	과거
5-1	I was no more than a boy	과거
5-2	the ragged people go	현재
5-3	only they would know	가정법과거
6	I come	현재
6-1	I get	현재
7	I do declare	현재
7-1	there were	과거
7-2	I was	과거
8	I took	과거
9	I am laying out	현재진행
9-1	I was gone	과거j

9-2	the New York city winters aren't bleeding	현재진행
10	A boxer stands (도치된 문장임)	현재
11	he carries	현재
11-1	that laid or cut	과거
11-2	he cried out	과거
11-3	I am leaving	현재진행
12	the fighter still remains	현재

2.10.B-3 번역 3단계 – 문장 형식 결정하기

1	I am just a poor boy	P2
1-1	my story is seldom told	P1
2	I have squandered my resistance	P3
3	Such are promises all lies and jests	P2
4	a man hears	P3
4-1	he wants to hear and disregards the rests	P3
5	I left my home and my family	P3
5-1	I was no more than a boys	P2
5-2	the ragged people go	P1
5-3	they would know	P3
6	I come looking for a job	P1
6-1	I get no offers just a come on	P3
7	I do declare	P3
7-1	there were times	P2
7-2	I was so lonesome	P2
8	I took some comfort	P3

9	I am laying out my winter clothes	P3
9-1	I was gone	P1
9-2	the New York city winters aren't bleeding me	P3
10	A boxer stands (도치된 문장)	P1
11	he carries the reminders of every glove	P3
11-1	that laid or cut him down	P3
11-2	he cried out	P3
11-3	I am leaving	P1
12	the fighter still remains	P1

2.10.B-4. 번역 4단계 - 복문장의 경우 문장과 문장간의 관계 파악

1	I am just a poor boy	
1-1	though my story is seldom told	1번 문장이 되는 조건 -Dw형
4	Still a man hears	
4-1	what he wants to hear and regards	4번 문장 hears의 목적어 문장 즉 목적절 -Fp33형 And regards는 4번 문장 hears 다음으로 연이은 문장 -Pr형
5	When I left my home and my family	
5-1	I was no more than a boy …… Seeking out the poorer quarters	5번은 조건의 문장 -It형

5-2	where the ragged people go looking for the places	5-1문장의 the poorer quarters를 설명하는 문장 -At형
5-3	only they would know	5-2문장의 the place를 설명하는 문장 -At형
6	Asking only workman's wages I come looking for a job	
6-1	but I get no offers just a come on from the whores on Seventh Avenue	6번 문장에 이어 반대의 의미로 열거한 문장 -Pr형
7	I do declare	
7-1	there were times	7번 문장의 목적어로 온 문장 즉 목적절 -Fp33형
7-2	when I was so lonesome	7-1문장의 조건에 해당하는 문장 -Dw형
9	Then I am laying out my winter clothes wishing	
9-1	I was gone going home	9번 문장 wishing의 목적어로 온 문장 -Vo형
9-2	where the New York city winters aren't bleeding me ...	91-문장의 going하는 장소에 대한 설명을 추가한 문장 -At형
11	he carries the reminders of every glove	

11-1	that laid or cut him down	11번 문장 every glove를 설명하는 문장 -At형
11-2	till he cried out in his anger and in his shame	11번 문장에 대한 어떤 조건을 설명하는 문장 -Dw형
11-3	I am leaving	11-2번 문장의 cried out의 목적어로 온 문장 즉 목적절 -Fp33형

* **Dw, Fp33, Pr, It, At, Vo형은 복문장의 7가지 형태 중에서 사용함**
　(필자의 저서 '복문장영작의 모든 것' 참고)

2.10.B-5. Pattern의 순서로 분리

no	S	V	C or O	O or C	P#
1	I	am	just -a poor boy		2
1-1	-though my story	seldom told			1
2	I	have squandered	my resistance -for a pocketful of mumbles		3
3	Such	are	promises	-all lies and -jests	2
4	-Still a man	hears	4-1		3
4-1	-what he	wants	to hear and disregards	-the rest	3
5	-when I	left	my home and my family		3
6	I	was	no more -than a boy -in the quite of the railway station	-running scared -laying low -seeking out the poorer quarters(6-1)	2

6-1	-where **the ragged people**	*go*	-looking for the places (6-2)		1
6-2	-only **they**	*would know*			3
7	-Asking -only workman's wages **I**	*come*	-looking for a job		1
7-1	-but **I**	*get*	**no offers** -just a come on -from the whores -on Seventh Avenue		3
8	**I**	*do declare*	**8-1**		3
8-1	**there**	*were*	**times**		2
8-2	-when **I**	*was*	**so lonesome**		2
9	**I**	*took*	**some comfort**	-there	3
10	-Then **I**	*am laying out*	**my winter**		3

		and (am) wishing	clothes (10-1)		3
10-1	I	was gone was going	home		1
10-1	-where the New York city Winters	aren't bleeding	me	-leading me -going home	3
11	-In the clearing a boxer and a fighter	stands	-by his trade	도치된 문장	1
12	-And he	carries	the reminders of every glove (12-1)		3
12-1	that	laid or cut	him him	down	3 3
12-2	-till he	cried out -in his anger and -in his shame	12-3		3

12-3	*I*	*am leaving*			1
13	-But *the fighter*	still *remains*			1

2.10.C. 문장 분석

I am just a poor boy though my story's seldom told.
의역 -> 내 이야기는 거의 알려지지 않은 저는 그저 너무나 가난한 소년입니다.
직역 -> 나는 그저 가난한 소년입니다. 비록 나의 이야기들이 거의 말해지지
　　　　않고 있습니다.

- 2개의 문장으로 구성
  1) 번 문장 – I am just a poor boy.
  2) 번 문장 – though my story is seldom told.

1번 문장은 평범한
(주어 + 동사 + 주어에 대한 설명-주격보어) 2형식 문장, 현재

2번 문장은
(주어 + 동사) 1형식 문장으로 동사가 be + 과거분사로 표현되었다.
'is + told'는 '(누군가에 의해) 말들이 되고 있다'는 뜻으로 마치 '누군가'라는 목적어가 있는 수동태처럼 사용되었지만 구체적으로 목적어가 없으므로 수동태라고 할 수는 없다. 'She is gone'을 수동태라고 할 수 없는 것과 같다.
'Be + 과거분사'는 'have(has나 had) + 과거분사보다 짧은 시간 동안 지속된 상태에 주로 사용된다. 예를 들면 위의 문장은 '그녀는 사라졌다'이다. 즉 'She has gone'보다 '가버린' 상태가 오래되지 않은 것이다. 과거분사는 과거보다 더 오래된 과거(일명 대과거)가 아니라 동사의 상태가 오래 지속하고 있는 상태에 사용된다. 이름에 '과거'가 붙어있다고 과거로 단정해서는 안된다.
*Tip - 'just', 'seldom'등과 같은 모든 부사는 강조하고 싶은 단어 앞에 위치한다. 'seldom'은 'hardly'처럼 부정의 의미를 갖게 되며 동사 앞에 위치하면 말의 동사를 부정하게 되므로 사실상 문장 전체를 부정하는 효과가 있다.

2.11 My sweet lady

John Denver의 곡들은 컨트리를 기반으로 하지만 포크가 많이 가미되어 대중들이 부르기에 좋은 노래들이 많다. 서양의 클래식음악과 팝음악은 사실 감상위주의 음악이지 노래를 부르기 위한 음악이 아니다.
그래서 연주가 많이 발전되었다. 가끔 이렇게 John Denver의 음악처럼 부르기에 좋은 노래를 만나면 무척 반갑다.

이 노래는 존덴버가 맡은 영화음악 'Sun Shine'에 흐르던 주옥 같은 노래들 중 하나이다. 딸이 하나 있으면서 시한부 삶을 살아가는 여자를 사랑하는 총각의 애틋한 사랑을 그린 슬픈 영화이다.
당시만해도 아무리 미국이지만 이미 결혼해서 딸이 하나 있는 이혼녀와 결혼 경력이 없는 총각의 사랑은 쉽지 않은 만남과 사랑이었다.
더구나 여자는 삶의 시한의 정해져 있고 그녀에게는 딸까지 있어 만일 그녀와 결혼하면 자기가 낳지 않은 딸을 부양하기까지 하여야 한다.
그래서 더욱 애절한지 모른다.
이 영화에서 존덴버는 많은 히트곡을 작곡하고 연주하고 노래하여 영화에 참여하게 되면서 그의 음악 세계가 더욱 알려지게 되었다.

앞에서 언급한 바와 같이 그의 노래들은 매우 서정적이고 서민적이며 노래를 부르기에 좋은 곡들이다. 특히 그처럼 기타를 치면서 부르기에 더욱 적합하다.
멜로디는 아름답고 뚜렷하지만 비교적 어렵지 않고 화음 진행도 단순한 편이다. 이런 종류의 음악은 연주보다 분위기가 더 중요하다.
가창력 있게 풍성한 성량의 음성보다 감정을 듬뿍 담은 조용하고 여린 노래가 더 어울린다.
기타나 피아노는 4 beat에 충실하게 기교 없이 편안하게 연주하는 것이 좋다.
가사와 코드를 외워서 하면 더욱 감성에 빠져 노래를 부를 수 있다.

2.11.A. 한글 부분

My sweet lady

Lady, 지금 울고 있나요?
그 눈물들은 나에게서 비롯된 건가요?
우리가 함께 한 시간들이 가버렸다고 생각해요?
Lady, 당신은 지금까지 꿈을 꾸고 있지요
난 내가 할 수 있는 한 당신 곁에 가까이 있어요.
그리고 우리의 시간이 이제 비로서 막 시작한 거라고 맹세해요
눈을 감아요. 그리고 당신의 지친 마음을 편하게 해봐요
약속해요, 당신 곁에 바로 이 자리에 머물 것이라고
오늘, 우리의 삶은 함께 하였고 서로 하나가 되었어요
내가 당신을 얼마나 사랑하는지
당신이 알 수 있기를 바래요
Lady, 지금 행복해요?
내가 느끼는 걸 그대로 느끼나요?
당신이 이 전에 보지 못했던 느낌들이 있지요?
Lady, my sweet lady
난 이 것이 사실이라는 것을 믿을 수 없어요.
내가 전에 한번도 이런 사랑을 한 적이 없었다는 것을.

2.11.A-1. 영작 1단계 – 문장 찾기와 여러 개로 구분하기

1	울고 있나요?
2	그 눈물들은 나에게서 비롯된 건가요?
3	생각해요?
3-1	우리가 함께 한 시간들이 가버렸다고
4	당신은 지금까지 꿈을 꾸고 있지요
5	난 당신 곁에 가까이 있어요
5-1	내가 할 수 있는 한
6	나는 맹세해요
6-1	우리의 시간이 이제 비로서 막 시작한 거
7	눈을 감아요
7-1	그리고 당신의 지친 마음을 편하게 해봐요
8	약속해요
8-1	당신 곁에 바로 이 자리에 머물 거라고
9	우리의 삶은 함께 하였고 서로 하나가 되었어요
10	나는 바래요
10-1	당신이 알 수 있기를
10-2	내가 얼마나 당신을 사랑하는지
11	지금 행복해요?
12	그것을 느끼나요?
12-1	내가 느끼는 것을
13	느낌이 들지요?
13-1	당신이 이전에 보지 못했던
14	난 믿을 수 없어요
14-1	이 것이 사실이라는 것을

15	인 것 같아요	
15-1	내가 전에 한번도 이런 사랑을 한 적이 없다는 것을	

2.11.A-2. 영작 2단계 – 주어, 동사 찾기와 동사의 시제 결정하기

1	당신은 울고 있나요?	현재진행
2	그 눈물들은 비롯된 건가요?	현재
3	당신은 생각했나요?	과거
3-1	우리의 시간이 가버렸다고	과거
4	당신은 지금까지 꿈을 꾸고 있지요	현재완료 진행
5	나는 있습니다	현재
5-1	내가 할 수 있는 한	현재
6	나는 맹세해요	현재
6-1	우리의 시간이 이제 비로서 막 시작한 거	현재완료
7	감아요	현재
7-1	편하게 해봐요	현재
8	(나는) 약속해요	현재
8-1	머물 거라고	미래
9	우리의 삶은 함께 하였고 서로 하나가 되었어요	과거 과거
10	나는 바래요	현재
10-1	당신이 알 수 있기를	가정법 과거
10-2	내가 사랑하는지	현재

11	(당신은) 입니까?	현재
12	느끼나요?	현재
12-1	내가 느끼는 것을	현재
13	느낌이 들지요?	현재진행
13-1	당신이 이전에 보지 못했던	현재완료
14	난 믿을 수 없어요	현재
14-1	이 것이 사실이라는 것을	현재
15	인 것 같아요	현재
15-1	내가 전에 한번도 이런 사랑을 한 적이 없다는 것을	현재완료

2.11.A-3. 영작 3단계 – 문장의 형식 결정하기

1	울고 있나요?	P1
2	그 눈물들은 나에게서 비롯된 건가요?	P3
3	생각해요?	P3
3-1	우리가 함께 한 시간들이 가버렸다고	P1
4	당신은 지금까지 꿈을 꾸고 있지요	P1
5	난 당신 곁에 가까이 있어요	P2
5-1	내가 할 수 있는 한	P2
6	나는 맹세해요	P3
6-1	우리의 시간이 이제 비로서 막 시작한 거	P1
7	눈을 감아요	P3
7-1	그리고 당신의 지친 마음을 편하게 해봐요	P3
8	약속해요	P3
8-1	당신 곁에 바로 이 자리에 머물 거라고	P1

9	우리의 삶은 함께 하였고	P1
	서로 하나가 되었어요	P2
10	나는 바래요	P3
10-1	당신이 알 수 있기를	P3
10-2	내가 얼마나 당신을 사랑하는지	P3
11	지금 행복해요?	P2
12	그것을 느끼나요?	P3
12-1	내가 느끼는 것을	P3
13	느낌이 들지요?	P3
13-1	당신이 이전에 보지 못했던	P3
14	난 믿을 수 없어요	P3
14-1	이 것이 사실이라는 것을	P2
15	인 것 같아요	P2
15-1	내가 전에 한번도 이런 사랑을 한 적이 없다는 것을	P3

2.11.A-4. 영어의 Pattern 순서로 위치 변경

no	S	V	C or O	O or C	P#
1	당신은	울고 있나요?		의문문	1
2	그 눈물들은	비롯되었나요	나에게서	의문문	3
3	당신은	생각했나요	3-1	의문문	3
3-1	우리의 시간 -함께	가버렸나요 -모두			1
4	당신은	지금까지 꿈을 꾸고 있지요			1
5	나는	있습니다	가까이		1
5-1	내가	있을 수 있는 한	(가까이)		1
6	나는	맹세해요	6-1	당신에게	3
6-1	우리의 시간이	-금방 시작되었어요			1
7	(당신은)	감으세요 쉬세요	당신의 눈을 당신의 지친 마음		3 3
8	나는	약속해요	8-1		3
8-1	나는	머물 거에요	-바로 여기 -옆에 당신		1
9	-오늘 우리의 삶은	함께하였고 되었어요	하나가		1 2
10	나는	바래요	10-1		3
10-1	당신이	알 수 있기를	10-2	wish 다음 동사는 거의 항상 과거	3

10-2	내가	-얼마나 사랑하는지	당신을		3
11	당신은	입니까	행복	의문문	2
12	당신은	느낍니까	그 것을(12-1)		3
12-1	내가	느끼는 것을			3
13	가인칭	느낌들이 있지요	13-1	의문문	2
13-1	당신이	보지 못했던	-이 전에		3
14	나는	믿을 수가 없어요	14-1		3
14-1	가인칭	입니다	사실		2
15	가인칭	입니다	마치 처럼(15-1)		2
15-1	나는	전에 한번도 사랑한 적이 없어요	-이 전에		3

2.11.B 영어 부문

My sweet lady

Lady, are you crying?
Do the tears belong to me?
Did you think our time together was all gone?
Lady, you've been dreaming.
I am as close as I can be.
And I swear to you our time has just begun
Close your eyes and rest your weary mind
I promise I will stay right here beside you
Today our lives were joined, became entwined
I wish that you could know how much I love you
Lady, are you happy?
Do you feel the way I do?
Are there meaning, that you've never seen before
Lady, my sweet lady, I just can't believe it's true
And it's like I've never, ever loved before.
Lady, are you crying?
Do the tears belong to me?
Did you think our time together was all gone?
Lady, my sweet lady, I'm as close as I can be
And I swear to you our time has just begun.

(* 읽기 목표 시간 – 42초)

2.8.B-1 번역 1단계 – 문장 구분하기

1	Lady, are you crying?
2	Do the tears belong to me?
3	Did you think
3-1	our time together was all gone
4	Lady, you have been dreaming
5	I am as close
5-1	as I can be
6	And I swear to you
6-1	our time has just begun
7	Close your eyes and rest your weary mind
8	I promise
8-1	I will stay right here beside you
9	Today our lives were joined And became entwined
10	I wish
10-1	that you could know
10-2	how much I love you
11	Lady, are you happy?
12	Do you feel the way
12-1	I do
13	Are there meanings that
13-1	you have never seen before
14	Lady, my sweet lady, I just can't believe
14-1	it is true
15	And it is like
15-1	I have never ever loved before

2.8.B-2 번역 2단계 - 주어, 동사 찾기와 동사의 시제 결정하기

1	are you crying?	현재진행
2	Do the tears belong to?	현재
3	Did you think	과거
3-1	our time together was all gone	과거
4	you have been dreaming	현재완료진행
5	I am	현재
5-1	I can be	현재
6	I swear	현재
6-1	our time has just begun	현재완료
7	(You)Close and	현재
	rest	현재
8	I promise	현재
8-1	I will stay	미래
9	Today our lives were joined	과거
	And became entwined	과거
10	I wish	현재
10-1	you could know	가정법과거
10-2	how much I love	현재
11	are you ?	현재
12	Do you feel	현재
12-1	I do	현재
13	Are there meanings	현재진행
13-1	you have never seen	현재완료
14	I just can't believe	현재
14-1	it is	현재
15	it is	현재
15-1	I have never ever loved	현재완료

2.8.B-3 번역 3단계 – 문장의 형식 결정하기

1	are you crying?	P1
2	Do the tears belong to me?	P3
3	Did you think	P3
3-1	our time together was all gone	P1
4	Lady, you have been dreaming	P1
5	I am as close	P2
5-1	as I can be	P2
6	And I swear to you	P3
6-1	our time has just begun	P1
7	Close your eyes and	P3
	rest your weary mind	P3
8	I promise	P3
8-1	I will stay	P1
9	Today our lives were joined	P1
	And became entwined	P2
10	I wish	P3
10-1	that you could know	P3
10-2	how much I love you	P3
11	are you happy?	P2
12	Do you feel the way	P3
12-1	I do	P3
13	Are there meanings that	P2
13-1	you have never seen before	P3
14	just can't believe	P3
14-1	it is true	P2
15	And it is like	P2
15-1	I have never ever loved before	P3

2.8.B-4. 번역 5단계 - 복문장의 경우 문장과 문장간의 관계 파악

3	Did you think	
3-1	our time together was all gone	3번 think의 목적어로 온 문장, 목적절 -Fp33형
5	I am as close	
5-1	as I can be	5번 Close를 설명하기 위해 온 문장으로 원래는 as I can be close라고 해야 하지만 close가 반복되기 때문에 생략한 것이다. 이러한 것을 'as ~ as' 용법이라고 함 -At형
6	I swear to you	
6-1	our time has just begun	6번 swear의 목적어로 온 문장, 목적절 -Fp33형
8	I promise	
8-1	I will stay right here beside you	8번 promise의 목적어로 온 문장 -Fp33형
10	I wish	
10-1	that you could know	10번 wish의 목적어로 온 문장 wish의 목적어로 오는 문장은 대개 과거형으로 온다 -Fp33형
10-2	how much I love you	10-1 know의 목적어로 온 문장, 목적절 -Fp33형
12	Do you feel the way	
12-1	I do	12번 the way를 설명하는 문장 원래는 I do the way에서 way가 생략된 것이다.

		-At형
13	Are there meanings that	
13-1	you have never seen before	13번 meanings를 설명하기 위해 온 문장. 이러한 경우 that을 관계대명사라고 한다 -At형
14	I just can't believe	
14-1	it is true	14번 believe의 목적어로 온 문장 -Fp33형
15	It is like	
15-1	I have never ever loved before	15번 문장의 보어 자리에 온 문장으로 보어 자리 앞에 like가 붙은 것이다 -Fp23

* **Fp33, At, Fp23형은 복문장의 7가지 형태 중 한가지를 의미**
  (필자의 저서 '복문장영작의 모든 것' 참고)

2.11.B-5. Pattern의 순서로 분리

no	S	V	C or O	O or C	P#
1	-Lady are	you	crying?		1
2	Do the tears	belong to	me?		3
3	Did you	think	3-1		3
3-1	our time -together	was all gone			1
4	-Lady you	have been dreaming		현재완료진행	1
5	I	am	as close		1
5-1	-as I	can be	(close)		2
6	-And I	swear to	you	6-1	4
6-1	our time	has Just begun			1
7	(you)	Close and rest	your eyes your weary mind		3 3
8	I	promise	8-1		3

8-1	I	will stay	-right here -beside you		1
9	-Today our lives	were joined became	 Entwined		1 2
10	I	wish	11-1		3
10-1	-that you	could know	11-2		3
10-2	-how much I	love	you		3
11	-Lady are	you	happy?		2
12	Do you	feel	the way(13-1)		3
12-1	I	do			3
13	Are 	there meaning	that(14-1)		2
13-1	you	have never seen	-before		3
14	-Lady -my sweet lady I	just can't	15-1		3

			believe			
14-1		it	is	true		2
15	-And it		is	like (16-1)		2
15-1	I		have never, ever loved	-before		3

2.11.C. 문장 분석

You have been dreaming.
의역 -〉 당신은 지금까지 꿈을 꾸고 있습니다.
직역 -〉 당신은 꿈을 꾸고 있는 상태가 과거부터 지금까지 지속되고 있습니다.

- (주어 + 동사) 1형식의 현재완료 진행형 문장
이 문장은 You dream을 현재진행형으로 바꾼 다음 다시 be 동사를 현재완료의 형태를 취한 것이다.

You dream.
You are dreaming.
You have been dreaming.

현재진행형 상태가 과거부터 지금까지 계속되어 오고 있다는 뜻이 되므로 말 그대로 직역을 하면 아무 것도 하지 않고 오로지 꿈을 꾸는 진행형이 지속되고 있으므로 다소 과장된 표현이라고 할 수 있다.
즉 강조하고 싶을 때 사용한다.
예를 들어

I have been looking for you. 는
"내가 너를 얼마나 찾아 헤맸는 줄 알아?" 정도쯤 된다.
I have been loving you. 는
"난 오로지 너만을 사랑해 오고 있어"

2.12 Hey Jude

어떤 설명과 소개가 필요 없는 비틀즈의 명곡 중 하나이다.
폴 매카트니가 그의 멤버이자 친구인 존 레논의 딸 Jully를 위해 작곡한 곡으로
알려져 있다. 당시 존 레논은 전 부인과 이혼하여 '오노 요코'를 만나고 있어
그의 딸이 무척 외롭고 쓸쓸하게 보여서 써 주었다고 한다.
한편에서는 그 전에 그 딸을 본 매카트니가 너무 예쁘고 귀여워 이미 곡을
썼지만 나중에 작곡하여 준 것처럼 하였다는 말도 전해진다.

비틀즈는 '록음악'을 탄생 시키고 발전 시킨 중심에 있는 그룹이며
또 그룹사운드라는 형태의 연주를 발전 시키기도 하였다.
밴드를 결성한 지 얼마 되지 않아 돈을 벌기 위해 독일의 함부르크로 가서
그곳에서 클럽 생활을 하면서 유럽의 많은 종류의 음악을 섭렵하고
매일 계속되는 연주를 통하여 탄탄하게 실력을 쌓은 것이
뒷날 비틀즈 음악의 자양분이 되었다.

이 노래는 비틀즈의 노래 중에서는 'Yesterday'와 함께 비교적 느린 템포의
음악으로 그룹사운드보다 솔로로 부르는 음악으로 어울린다.
서양의 대중음악은 대개 뒤에 액센트가 있는데
이 음악은 첫 박자에 액센트가 강하여 서양음악으로는 특이한 편이지만
앞에 액센트가 있는 음악에 익숙한 우리나라 사람들에게 더욱 친근하게 들린다.
느린 템포로 부르는 솔로 음악이지만 포크 기타로 부르는 음악은 아니다.
기타 하나의 반주로만 하기엔 어쩐지 허전하다.
노래의 가사 주인공인 아주 나이가 어린 소녀 아이라는 것을 알면
감정을 담아 부르기에도 어쩐지 어색하다.
그런 의미에서 창법이 매우 애매한 노래라고도 볼 수 있다.
그냥 깨끗하게 표현하는 종류의 음악이다.
원곡은 후반부로 갈수록 강하고 격렬할 정도로 사운드에 힘이 실리게 된다.
비틀즈가 연주하고 부르는 음악은 그래도 멋지다.
그냥 보통 사람들이 부르기엔 좀....

Hey Jude

2.12.A. 한글 부분

Hey Jude! 나쁘게 생각하지마
슬픈 노래를 부르면 기분이 좋아질 거야
그녀가 네 마음 속에 있게 했던 것을 생각해봐
그러면 더 나아지기 시작할 수 있어
Hey Jude! 두려워하지 마
넌 밖으로 나가게 되어버렸고 그리곤 그녀를 받아들여
그녀를 너의 몸 일부로 만드는 순간 더 나아지기 시작할 거야
그리고 어느 때고 아픔이 느껴지면 말이지
Hey Jude! 그만둬
세상의 모든 짐을 네 어깨에 얹으려고 하지마
너의 세상을 더욱 차갑게 만드는 그런 쓸쓸한 행동이
바보 같다는 걸 잘 알 거야
Hey Jude! 나를 실망시키지 마
이젠 그녀를 찾았잖아 이제 가서 그녀를 받아들여
그녀가 네 마음 속에 받아 들인 것을 생각해봐
그러면 넌 더 나아지기 시작할 수 있어
그러니까 받아들일 건 받아들이고 내 보낼 건 내 보내
Hey Jude! 시작해 봐
너는 함께 보낼 사람을 기다리고 있는 중이잖아
그게 바로 너라는 걸 모르겠어?
Hey Jude! 넌 하게 될 거야
너에게 필요한 행동은 네 두 어깨에 달려 있어

2.12.A-1. 영작 1단계 - 문장 찾기와 여러 개로 구분하기

1	나쁘게 생각하지마	과거
2	슬픈 노래를 부르면	현재
2-1	기분이 좋아질 거야	과거
3	그녀가 네 마음 속에 있게 했던 것을 생각해봐	현재
3-1	그러면 더 나아지기 시작할 수 있어	과거
4	두려워 하지마	현재
5	넌 밖으로 나가게 되어버렸고 그녀를 받아들여	현재
6	그녀를 너의 몸 일부로 만드는 순간	현재
6-1	더 나아지기 시작할 거야	현재
7	어느 대고 아픔이 느껴지면 말이지	미래
7-1	그만둬	현재
7-2	세상의 모든 짐을 네 어깨에 얹으려고 하지마	현재
8	잘 알거야	현재
8-1	바보 같다는 것을	현재
8-2	너의 세상을 더욱 차갑게 만드는 그런 쓸쓸한 행동이	현재
9	나를 실망시키지마	현재
10	이젠 그녀를 찾았잖아 이제 가서 그녀를 받아들여	
11	그녀가 네 마음 속에 받아들인 것을 생각해봐	
11-1	그러면 넌 더 나아지기 시작할 수 있어	
12	그러니까 받아들이고 내 보낼 건 내 보내	
13	시작해봐	

14	너는 함께 보낼 사람을 기다리고 있는 중이야	
15	모르겠어?	
15-1	그게 바로 너라는 걸	
16	넌 하게 될 거야	
17	행동이 너에게 달려있어	
17-1	너에게 필요한	

2.12.A-2. 영작 2단계 - 주어, 동사 찾기와 동사의 시제 결정하기

1	(너는)생각하지마(만들지마)	현재
2	(너는) 부르면(취하면)	현재
2-1	질 거야(만들어져)	현재
3	생각해봐(기억해봐)	현재
3-1	시작할 수 있어	현재
4	되도록 하지마(하지마)	현재
5	넌 되어버렸고	과거
	그녀를 받아들여	현재
6	하게 하는	현재
6-1	시작할 거야	현재
7	느껴지면	현재
7-1	그만둬	현재
7-2	얹으려고 하지마	현재
8	잘 알거야	현재
8-1	~이다는 것을	현재
8-2	(네가 하는) 행동이	현재

9	실망시키지마	현재
10	찾았잖아	과거
	이제 가서	현재
	받아들여	현재
11	생각해봐	현재
11-1	시작할 수 있어	현재
12	해봐	현재
	해봐	현재
13	시작해봐	현재
14	너는 기다리고 있는 중이야	현재진행
15	모르겠어?	현재
15-1	~이야	현재
16	넌 하게 될 거야	미래
17	행동이 있어	현재
17-1	너에게 필요한	현재

2.12.A-3. 영작 3단계 - 문장 형식 결정하기

1	나쁘게 생각하지마	P5
2	슬픈 노래를 부르면(취하면)	P3
2-1	기분이 좋아질 거야	P5
3	그녀가 네 마음 속에 있게 했던 것을 생각해봐	P3
3-1	그러면 더 나아지기 시작할 수 있어	P3
4	두려워 하지마	P2
5	넌 밖으로 나가게 되어버렸고	P3

	그녀를 받아들여	P3
6	그녀를 너의 몸 일부로 만드는 순간	P5
6-1	더 나아지기 시작할 거야	P5
7	어느 대고 아픔이 느껴지면 말이지	P3
7-1	그만둬	P3
7-2	세상의 모든 짐을 네 어깨에 얹으려고 하지마	P3
8	잘 알거야	P3
8-1	바보 같다는 것을	P2
8-2	너의 세상을 더욱 차갑게 만드는 그런 쓸쓸한 행동이	P5
9	나를 실망시키지마	P2
10	이젠 그녀를 찾았잖아	P3
	이제 가서	P1
	그녀를 받아들여	P3
11	그녀가 네 마음 속에 받아들인 것을 생각해봐	P3
11-1	그러면 넌 더 나아지기 시작할 수 있어	P3
12	그러니까 받아들이고	P5
	내 보낼 건 내 보내	P5
13	시작해봐	P3
14	너는 함께 보낼 사람을 기다리고 있는 중이야	P3
15	모르겠어?	P3
15-1	그게 바로 너라는 걸	P2
16	넌 하게 될 거야	P3
17	행동이 너에게 달려있어	P1
17-1	너에게 필요한	P3

2.12.A-4 영어의 Pattern 순서로 위치 변경

no	S	V	C or O	O or C	P#
1	(너는)	생각하지마	이 것을	나쁘게	5
2	(너는)	해봐 질 거야	슬픈 노래를 이 것이	더 좋게	3 5
3	(너는)	생각해봐	하도록 -그녀가 -들어오게 -당신 마음 속으로		3
3-1	-그때 너는	시작할 수 있어	하도록	-이것을 -더 낫게	3
4	(넌)	하지마	두려워		2
5	넌	되어 버렸어 받아들여	-밖으로 나가게 그녀를		3 3
6	-순간 너는	하게 해	그녀를	너의 몸 일부로	5
6-1	너는	시작해	하게 하는 것을	더 낫게	3
7	-어느 때고 (너는)	느껴지면	아픔을		3
7-1	(너는)	그만둬			3
7-2	(너는)	짐을 지려 하지마	세상의 짐을	-네 어깨 위에	3
8	너는	잘 알지	8-1		3
8-1	가인칭	입니다	바보(8-2)라는 걸		2
8-2	(바보)	행동하는	그런	쓸쓸한	5

				-만들어지는 -너의 세상을 -더 차갑게	
9	(너는)	시키지마	나를	실망하게	5
10	너는	찾았잖아 가서 받아들여	그녀를 그녀를	-이제 -이제	3 1 3
11	(너는)	생각해봐	받아들인 것을	-그녀를 -네 마음 속에	3
11-1	-그러면 너는	시작할 수 있어	해지도록	-나아지게	3
12	-그러니까 (너는)	하게 해 하게 해	이것을 이것을	내보내 받아들여	5 5
13	(너는)	시작해 봐			3
14	너는	기다리고 있는 중 이잖아	사람을 -보낼 -함께		3
15	너는	모르겠어	15-1		3
15-1	가인칭	이야	바로 너		2
16	넌	하게 될 거야			3
17	행동은 (17-1)	있어	-네 어깨 위에		2
17-1	네가	필요한			3

2.12.B. 영어 부문

Hey Jude

Hey Jude, don't make it bad.
Take a sad song and make it better.
Remember to let her into your heart.
then you can start to make it better.
Hey Jude, don't be afraid.
You were made to go out and get her.
The minute you let her under your skin,
then you begin to make it better.
And anytime you feel the pain,
Refrain, don't carry the world upon your shoulders.
For well you know that it's a fool
who plays it cool by making his world a little colder.
Hey Jude, don't let me down.
You have found her, now go and get her.
Remember to let her into your heart,
then you can start to make it better.
So let it out and let it in,
Hey Jude, begin, you're waiting for someone to perform with.
And don't you know that it's just you,
Hey Jude, you'll do.
The movement you need is on your shoulder.

(* 읽기 목표 시간 – 45초)

2.12.B-1. 영작 1단계 – 문장 구분하기

1	Don't make it bad
2	Take a sad song
2-1	and make it better
3	Remember to let her into your heart
3-1	then you can start to make it better
4	Don't be afraid
5	You were made to go out And get her
6	The minute you let her under your skin
7	And anytime you feel the pain
7-1	refrain don't carry the world upon your shoulders
8	For well you know
8-1	it is a fool
8-2	who plays it cool
9	Don't let me down
10	You have found her go and get her
11	Remember to let her into your heart
11-1	then you can start to make it better
12	So let it out let it in
13	Begin
13-1	you are waiting for someone to perform with
14	And don't you know
14-1	it is just you

15	You will do
16	The movement is on your shoulder
16-1	you need

2.12.B-2. 영작 2단계 – 주어, 동사 찾기와 동사의 시제 결정하기

1	(You) Don't make	현재
2	(You) Take	현재
2-1	and make	현재
3	(You) Remember	현재
3-1	then you can start	현재
4	Don't be afraid	현재
5	You were made	과거
6	you let	현재
7	you feel	현재
7-1	refrain don't carry	현재
8	you know	현재
8-1	it is	현재
8-2	who plays	현재
9	Don't let	현재
10	You have found go and get her	현재완료 현재 현재
11	Remember	현재
11-1	you can start	현재
12	So (you) let	현재

		(you) let	현재
13		Begin	현재
13-1		you are waiting for	현재진행
14		don't you know	현재
14-1		it is	현재
15		You will do	미래
16		The movement is	현재
16-1		you need	현재

2.12.B-3. 영작 3단계 – 문장 형식 결정하기

1	Don't make it bad	P5
2	Take a sad song	P3
2-1	and make it better	P5
3	Remember to let her into your heart	P3
3-1	then you can start to make it better	P3
4	Don't be afraid	P2
5	You were made to go out	P3
	And get her	P3
6	The minute you let her under your skin	P5
7	And anytime you feel the pain	P3
7-1	refrain	P3
	don't carry the world upon your shoulders	P3
8	For well you know	P3
8-1	it is a fool	P2
8-2	who plays it cool	P5
9	Don't let me down	P5

10	You have found her	P3
	Go	P1
	And get her	P3
11	Remember to let her into your heart	P3
11-1	then you can start to make it better	P3
12	So let it out	P5
	let it in	P5
13	Begin	P3
13-1	you are waiting for someone to perform with	P3
14	And don't you know	P3
14-1	it is just you	P2
15	You will do	P3
16	The movement is on your shoulder	P1
16-1	you need	P3

2.12.B-4. 번역 4단계 - 복문장의 경우 문장과 문장간의 관계 파악

2	Take a sad song	
2-1	And make it better	2번에 연이어 나열한 또 하나의 문장 -Pr형
3	Remember to let her into your heart	
3-1	Then you can start to make it better	3번에 연이어 나열한 또 하나의 문장 -Pr형
7	And anytime you feel the pain	

7-1	Refrain Don't carry the world upon your shoulders	7번에 연이어 나열한 2개의 문장 -Pr형
8	For well you know	
8-1	It is fool	8번 know의 목적어로 온 문장, 목적절 -Fp33형
11	Remember to let her into your heart	
11-1	Then you can start make it better	11번에 연이어 나열한 또 하나의 문장 -Pr형
13	Begin	
13-1	You are waiting for someone to perform with	13번 begin의 목적어로 온 문장 -Fp33형
14	And don't you know	
14-1	It is just you	14번 know의 목적어로 온 문장 -Fp33형

* **Pr, Fp33형은 복문장의 7가지 형태 중 한가지를 의미**
 (필자의 저서 '복문장영작의 모든 것' 참고)

2.12.B-5 Pattern의 순서로 분리

no	S	V	C or O	O or C	P#
1	-Hey Jude	don't make	it	bad	5
2	(you) and	take make	a sad song it	better	3 5
3	(you)	Remember	to let -her	into your heart	3
3-1	-then you	can start	to make -it -better		3
4	-Hey Jude	don't be	afraid		2
5	You (you)	were made and get	to go out her		3 3
6	-The minute you	let	her	under -your skin	5
7	-And -any time you	feel	the pain		3
7-1	-Hey Jude	refrain don't carry	the world	upon -you -shoulders	3 3

8	-For well you	know	that(8-1)		3
8-1	it	is	a fool(8-2)		2
8-2	who	plays	it	cool -by making -his world -a little colder	5
9	-Hey Jude	don't let	me	down	5
10	You	have found go and get	her her		3 1 3
11	(you)	Remember	to let -her -into your heart		3
11-1	-then you	can start	to make -it -better		3
12	-So (you)	let let	it it	out in	5 5
13	-Hey Jude	begin	13-1		3
13-1	You	are waiting for	someone	-to perform with	3

- 207 -

14	-And don't you	know	that(14-1)		3
14-1	it	is	just you		2
15	-Hey Jude you	will do			1
16	The movement (16-1)	is	on your shoulder		1
16-1	you	need			3

2.12.C. 영어 문장 분석

For well you know that it's a fool who plays it cool by making his world a little colder.
의역 -> 너의 세상을 더욱 차갑게 만드는 그런 쓸쓸한 행동이
　　　　바보 같다는 걸 잘 알 거야
직역 -> 넌 잘 알지, 바보라는 걸, 바보는 그런 것을 갖고 쓸쓸하게 놀아 자기의 세
　　　　상을 더 차갑게 만들면서

● 3개의 문장으로 구성
1) 번 문장 -> For well you know that.
(주어 + 동사 + 동사의 목적어)로 구성된 3형식 현재
여기서 that은 어떤 것을 지적하는 단어(지시대명사)가 아니라 뒤의 문장에서 자세하게 설명하기 위해 일단 목적어의 자리를 채웠다고 볼 수 있다. 이러한 용도로 사용하는 단어를 '관계대명사'라고 한다.
2) 번 문장 -> it is a fool.
(주어 + 동사 + 주어에 대한 설명-주격보어)로 구성된 2형식 현재
이 문장은 1번 문장의 'that'을 설명한 문장이며 이를 '관계대명사'라고 한다.
이렇게 사용되는 관계대명사 'that'은 보통 생략해서 사용해도 무방하다.
3) 번 문장 -> who plays it cool by making his world a little colder.
(주어 + 동사 + 동사의 목적어)로 구성된 3형식 현재의 문장으로 주어 'who'는 2번 문장의 'a fool'을 설명하기 위해 만들어진 주어로 이러한 형태를 '관계대명사'라고 한다.
*Tip - 관계대명사를 이해하기 전에 의문문 문장을 완벽히 이해하고 구사할 수 있어야 한다. 관계대명사에서 사용하는 문장의 대부분은 의문문을 연결한 형태이기 때문이다. 의문문 문장을 이용한 2개의 문장 만드는 것을 이해하게 된다.

2.13 How deep is your love

'토요일 밤의 열기 속에서'라는 영화에 삽입된 곡으로
비지스가 작곡하고 부른 곡이다. 이 곡을 통해 전 세계에
디스코 열풍을 불러 일으켰고 이 영화 때문에 젊은 존트라볼타가
스타로 탄생되었다.
이 때까지만 해도 춤 곡은 '고고'가 주름잡았던 시절이었다.
디스코는 고고 리듬을 좀 더 잘게 세분화 시킨 리듬으로
춤 동작 역시 큰 동작보다 세밀한 다양한 동작을 추가 시킬 수 있었고
이 때문에 디스코를 부르는 가수들은 다양한 춤 동작을 선 보였다.

이 곡은 디스코를 위한 음악으로 보기엔 다소 느린 템포이다.
하지만 부드러운 비트 속에 정확한 리듬감이 들어있고
멜로디가 뚜렷하고 부드럽게 진행된다.
춤도 과도한 동작보다는 부드럽고 유연한 디스코가 어울린다.
그러나 이 노래는 그룹사운드가 라이브로 연주하기에는
다소 어려운 감이 있는데 그 이유는 신디사이저의 전자음이
많이 포함되어 있기 때문이고 리듬 부분과 베이스 부분도
전자음이 매우 규칙적으로 연주되고 있다.
여기에 전자음으로 만들어진 **String Tone**(바이올린과 같은 현악기의 음색)이
많이 사용되어 사운드를 부드럽게 하지만
라이브로 연주해서는 이러한 음색을 내기가 약간 힘들다.
그렇다고 라이브가 나쁘다는 뜻이 아니라 원곡의 느낌과는 다르다는 의미이다.
노래 또한 일반적으로 부르는 음성이 아닌
가성을 주로 이용하기 때문에 가성에 익숙하지 않은 가수들이나
일반인들로서는 그 노래의 맛을 내기가 만만치 않은 곡이다.
역으로 말하면 이 노래는 음반을 틀고 춤을 춰도 라이브연주를 들으며
추는 춤과 큰 차이가 없을 수도 있다.
아무래도 이 노래는 부르기보다는 듣는 음악, 아니
듣기보다는 디스코 춤을 추며 즐기는 음악에 딱 어울린다.

2.13.A. 한글 부분

How deep is your love

아침 햇살에 당신의 눈이 있다는 걸 알아요
뿌려지는 비 속에서 그대의 손길이 느껴집니다.
그대가 나에게서 멀리 떨어져 방황하고 있는 순간
내 품 안에서 다시 그대를 느끼고 싶습니다.
그대가 어떤 여름날 내게로 옵니다
산들바람은 당신의 사랑 속에서 따스함을 계속 느끼게 합니다.
그 때 당신은 조용히 떠나갑니다.
그대가 보여주기를 원하는 사람이 바로 나 입니다.
그대의 사랑이 얼마나 깊은지
그대의 사랑이 얼마나 깊은지
바보들의 세상에서 살고 있으니까
우리는 정말 배워야 한다고 생각해요
우리를 갈라 놓으면서
사람들이 그렇게 우리를 내버려 두려고 하면
우리는 서로에 속하게 됩니다.
난 그대를 믿어요
그대는 내 영혼의 문을 알고 있어요
그대는 내가 너무나 어두운 시간 속에서 빛이 되어 주었고
내가 나락에 떨어질 때 구원자입니다
내가 그대를 돌본다는 것을 그대가 잘 모를 수도 있지만
가슴 속으로 생각해 보면
내가 그렇게 하고 있다는 걸 알 거에요
그대가 보여주기를 원하는 사람이 바로 나입니다.

2.13.A-1. 영작 1단계 – 문장 찾기와 여러 개로 구분하기

1	아침 햇살에 당신의 눈이 있다는 걸 알아요
2	느껴집니다
2-1	뿌려지는 비 속에서 그대의 손길이
3	그대가 나에게서 멀리 떨어져 방황하는 순간
3-1	내 품 안에서 다시 그대를 느끼고 싶습니다
4	그대가 어떤 여름 날 내게로 옵니다
5	산들바람은 당신의 사랑 속에서 따스함을 계속 느끼게 합니다
6	그때 당신은 조용히 떠나갑니다
7	바로 나입니다
7-1	그대가 보여주기를 원하는
8	그대의 사랑이 얼마나 깊은지
9	우리는 정말 배워야 한다고 생각해요
9-1	바보들의 세상에서 살고 있으니까
10	우리를 갈라 놓으면서 사람들이 우리를 내버려 두려고 하면
10-1	우리는 서로에 속하게 됩니다
11	난 그대를 믿어요
12	그대는 내 영혼의 문을 알고 있어요
13	그대는 내가 너무나 어두운 시간 속에서 빛이 되어 주었고
14	그대는 구원자입니다
14-1	내가 나락에 떨어질 때
15	그대가 잘 모를 수 있지만
15-1	내가 그대를 돌본다는 것을
16	가슴 속으로 생각해 보면
16-1	내가 그렇게 하고 있다는 것을

2.13.A-2. 영작 2단계 - 주어, 동사 찾기와 동사 시제 정하기

1	나는 알아요	현재
2	나는 느껴집니다	현재
2-1	그대가 만지는 (그대의 손길을)	현재
3	그대가 방황하는	현재
3-1	나는 싶어요	현재
4	그대가 옵니다	현재
5	산들바람이 계속합니다	현재
6	당신은 떠나갑니다	현재
7	~ 입니다	현재
7-1	그대가 필요로 하는(원하는)	현재
8	당신의 사랑은 입니다	미래
9	나는 생각해요	현재
9-1	우리가 살고 있어요	현재진행
10	세상이 하게 한다면	가정법미래
10-1	우리는 서로에 속하게 됩니다	현재
11	난 믿어요	현재
12	그대는 알고 있어요	현재
13	그대는 입니다	현재
14	그대는 입니다	현재
14-1	내가 떨어질 때	현재
15	그대가 잘 모를 수 있지만	현재
15-1	내가 돌본다는 것을	현재
16	(그대가) 생각해 보면	현재
16-1	내가 하고 있다	현재

2.13.A-3. 영작 3단계 – 문장 형식 결정하기

1	아침 햇살에 당신의 눈이 있다는 걸 알아요	P3
2	느껴집니다	P3
2-1	뿌려지는 비 속에서 그대의 손길이	P3
3	그대가 나에게서 멀리 떨어져 방황하는 순간	P1
3-1	내 품 안에서 다시 그대를 느끼고 싶습니다	P3
4	그대가 어떤 여름 날 내게로 옵니다	P1
5	산들바람은 당신의 사랑 속에서 따스함을 계속 느끼게 합니다	P3
6	그때 당신은 조용히 떠나갑니다	P1
7	바로 나입니다	P2
7-1	그대가 보여주기를 원하는	P3
8	그대의 사랑이 얼마나 깊은지	P2
9	우리는 정말 배워야 한다고 생각해요	P3
9-1	바보들의 세상에서 살고 있으니까	P1
10	우리를 갈라 놓으면서 사람들이 우리를 내버려 두려고 하면	P5
10-1	우리는 서로에 속하게 됩니다	P3
11	난 그대를 믿어요	P3
12	그대는 내 영혼의 문을 알고 있어요	P3
13	그대는 내가 너무나 어두운 시간 속에서 빛이 되어 주었고	P2
14	그대는 구원자입니다	P2
14-1	내가 나락에 떨어질 때	P1
15	그대가 잘 모를 수 있지만	P3
15-1	내가 그대를 돌본다는 것을	P3
16	가슴 속으로 생각해 보면	P3
16-1	내가 그렇게 하고 있다는 것을	P3

2.13.A-4. 영어의 Pattern 순서로 위치 변경

no	S	V	C or O	O or C	P#
1	나는	알아요	당신의 눈을	-아침 햇살 속에	3
2	나는	느껴집니다	2-1		3
2-1	당신이	손길을	(나에게)	-쏟아지는 비 속에서	3
3	-그 순간 그대가	방황하는	-멀리 떨어져 -나로부터		1
3-1	나는	싶습니다	느끼는 걸	내 품 안에서 -다시	3
4	그대가	옵니다	-내게로 -어떤 여름날		1
5	산들바람은	계속합니다	내가	따뜻함을 -당신의 사랑 속에서	5
6-1	-그때 당신은	-조용히 떠나갑니다	나를		3
7	가인칭	입니다	나(7-1)		2
7-1	당신이	원하는	보여 주기를		3
8	얼마나 깊은	입니다	당신의 사랑		2
9	나는	-정말 생각해요	배우는 것을		3
9-1	-니까 우리가	살고 있어요	-바보들의 세상에서		1
10	-갈라 놓으며 -우리를				

	-하면 사람들이	하게 해야만 하면	우리들이	존재하게 그대로	5
10-1	우리는	속하게 됩니다	서로에게		3
11	나는	믿어요	당신을		3
12	당신은	압니다	문을	-내 영혼의	3
13	당신은	입니다	빛	-나의 가장 깊은 어둠의 시간 속에	2
14	당신은	입니다	구원자		2
14-1	-때 내가	떨어질 때			1
15	그대가	잘 모를 수도	15-1		3
15-1	내가	돌봅니다	그대를		3
16	-하면 그대가	생각하면 -가슴 속으로	16-1		3
16-1	나는	-정말 해요			3
17	가인칭	입니다	나(17-1)에요		2
17-1	당신이	원하는 건	보여 주기를		3

2.13.B. 영어 부문

How deep is your love

I know your eyes in the morning sun
I feel you touch me in the pouring rain
And the moment that you wander far from me
I wanna feel you in my arms again
And you come to me on a summer,
Breeze keep me warm in your love
then you softly leave me
And it's me you need to show
How deep is your love
How deep is your love
I really mean to learn, cause we're livin' in a world of fools
Breakin' us down when they all should let us be,
we belong to you and me
I believe in you
You know the door to my very soul
You're the light in my deepest darkest hour
You're my savior when I fall
And you may not think I care for you
When you know down inside, I really do
And it's me you need to show

(* 읽기 목표 시간 - 40초)

2.13.B-1 번역 1단계 – 문장 구분하기와 여러 개로 만들기

1	I know your eyes in the morning sun
2	I feel
2-1	you touch me in the pouring rain
3	And the moment that you wander far from me
4	I wanna feel you in my arms again
5	And you come to me on a summer
6	Breeze keep me warm in your love
6-1	then you softly leave me
7	And it is me
7-1	you need to show
8	How deep is your love
9	I really mean to learn
9-1	cause we are living in a world of fools
10	Breaking us down when they all should let us be
10-1	we belong to you and me
11	I believe in you
12	You know the door to my very soul
13	You are the light in my deepest darkest hour
14	You are my savior
14-1	when I fall
15	And you may not think
15-1	I care for you
16	When you know inside
16-1	I really do

2.13.B-2 번역 2단계 – 주어, 동사 찾기와 동사의 시제 결정하기

1	I know your eyes in the morning sun	현재
2	I feel	현재
2-1	you touch	현재
3	you wander	현재
4	I want	현재
5	you come	현재
6	Breeze keep	현재
6-1	you softly leave	현재
7	it is	현재
7-1	you need	현재
8	is your love	현재
9	I really mean	현재
9-1	we are living	현재진행
10	they all should let	가정법과거
10-1	we belong to	현재
11	I believe in	현재
12	You know	현재
13	You are	현재
14	You are	현재
14-1	I fall	현재
15	you may not think	현재
15-1	I care for	현재
16	you know	현재
16-1	I really do	현재

2.13.B-3 번역 3단계 – 문장 형식 결정하기

1	I know your eyes in the morning sun	P3
2	I feel	P3
2-1	you touch me in the pouring rain	P3
3	And the moment that you wander far from me	P1
4	I wanna feel you in my arms again	P3
5	And you come to me on a summer	P1
6	Breeze keep me warm in your love	P3
6-1	then you softly leave me	P3
7	And it is me	P2
7-1	you need to show	P3
8	How deep is your love	P2
9	I really mean to learn	P3
9-1	cause we are living in a world of fools	P1
10	Breaking us down when they all should let us be	P5
10-1	we belong to you and me	P3
11	I believe in you	P3
12	You know the door to my very soul	P3
13	You are the light in my deepest darkest hour	P2
14	You are my savior	P2
14-1	when I fall	P1
15	And you may not think	P3
15-1	I care for you	P3
16	When you know inside	P3
16-1	I really do	P3

2.13.B-4. 번역 4단계 - 복문장의 경우 문장과 문장간의 관계 파악

2	I feel	
2-1	that is higher than the trees	2번 feel의 목적어. 즉 목적절 -Fp33형
6	Breeze keep me warm in your love	
6-1	then you softly leave me	6번 문장의 행동에 따른 결과의 문장 -Dw형
7	And it is me	
7-1	you need to show	7번 me를 설명하는 문장 -At형
9	I really mean to learn	
9-1	cause we are living in a world of fools	9번이 되어야 하는 이유를 설명 -Dw형
10	Breaking us down when they all should let us be	
10-1	we belong to you and me	10번 문장의 조건에 따른 결과 -It형
14	You are my savior	
14-1	when I fall	14번 문장이 되어야 하는 조건 -Dw형
15	And you may not think	
15-1	I care for you	15번 may not think의 목적어 -Fp33형
16	When you know inside	
16-1	I really do	16번 조건의 결과 -It형

2.13.B-5 Pattern의 순서로 분리

no	S	V	C or O	O or C	P#
1	I	know	your eyes	-in the morning sun	3
2	I	feel	2-1		3
2-1	you	touch	me	-in the pouring rain	3
3	-And -the moment -that you	wander	far from me		1
4	I	wanna (want to)	feel -you	-in my arms -again	3
5	-And you	come	to me -on a summer		1
6	Breeze	keep	me	warm -in your love	5
6-1	-then you	softly leave	me		3
7	-And it	is	me(7-1)		2
7-1	you	need	to show		3
8	How deep	is	your love		2
9	I	really mean	to learn		3

9-1	-cause we	are living	-in a world of fools		1
10	-Breaking -us -down -when they	all should let	us	(to) be	5
10-1	we	belong to	you and me		3
11	I	believe in	you		3
12	You	know	the door	-to my very soul	3
13	You	are	the light	-in my deepest darkest hour	2
14	You	are	my savior		2
14-1	-when I	fall			2
15	-And you	may not think	17-1		3
15-1	I	care for	you		3
16	-When you	know	down inside		3
16-1	I	really do			1

2.13.C. 문장 분석

I really mean to learn cause we're living in a world of fools.
의역 -> 우리가 바보들의 세상에서 살고 있으니까 정말 배워야 된다고 생각해요
직역 -> 나는 정말 생각해요 배워야 하는 것을, 왜냐하면 우리는 바보들의
        하나의 세상에서 살고 있는 중이니까요

- 2문장으로 구성
    1) 번 문장 -> I really mean to learn
        (주어 + 동사 + 동사의 목적어)의 3형식 현재형으로 동사의 목적어가 'to + 원형동사' 즉 부정사가 온 것이다.

    2) 번 문장 -> cause we are living in a world of fools.
        (주어 + 동사)의 2형식으로 현재진행형의 문장으로 표현되어 있다.
        보통 'live'와 같은 동사는 현재진행형의 표현을 하지 않지만 위와 같이
        강조하고 싶을 때 사용한다.

- 2문장을 연결하기 위하여 'cause' 접속사를 사용하였는데 'because'와 같은 의미로 사용하지만 이 접속사를 만났을 때는 뒤의 문장부터 번역을 하면서 '~니까'라고 번역하는 것이 좋다.
    만일 접속사 'because'를 사용하였다면 앞의 문장을 해석하고 '왜냐하면 ~'라고 번역하는 것이 자연스럽다. 위의 직역과 의역을 잘 보면 알 수 있다.

2.14 Kiss and say Goodbye

흑인 4인조로 구성된 R & B를 주로 부르는 그룹이 부른 노래이다.
1975년에 발표되어 미국을 거쳐 전 세계적으로 크게 히트한 곡이다.
화음의 구성이 뛰어나고 흑인 특유의 감성과 성량 음색의 구사가 뛰어나다.
리듬앤블루스(Rhythm & Blues)는 블루스에서 좀 더 리듬이 강해지고
흑인 특유의 부드러운 춤을 추는데 어울리는 음악의 장르이다.
블루스는 아프리카에서 건너온 흑인들의 음악이 뿌리이다.
흑인들은 멜로디나 화성보다 리듬 색채가 무척 강한 음악을 즐겼는데
그들이 미국으로 와서 처음 접한 음악이 유럽에서 건너온 포크와
그 포크가 발전한 컨트리웨스턴이었다. 그리고 찬송가도 듣게 된다.
그들도 교회에 나가기 시작하면서 찬송가를 그들의 음악으로 재해석 한 것이
흑인영가가 되었고 여기에 그들만의 리듬과 음색 그리고 음의 구성(스케일)을
만들어 낸 것이 블루스가 되었다.
사실 블루스의 음계가 흑인들에 의해 만들어진 것은 아니고 원래 교회음악에
있었던 음계가 그들에 의해 재해석되고 리듬성이 가미된 것이다.

블루스에서 연주형태로 발전한 것이 재즈가 되었으며
특히 스윙리듬이 만들어지면서 블루스는 리듬앤블루스로 발전되었고
재즈는 스윙재즈를 만나면서 본격적으로 발전하게 된다.
정통 블루스가 12마디의 단순한 구조라면 '리듬 앤 블루스'는
훨씬 길고 연주가 다양하며 노랫말도 블루스처럼 흑인들의 고단한 삶에
국한되지 않고 다양한 흥겨움과 즐거움을 추구한다.
리듬앤블루스는 나중에 록콘롤로 발전하게 되고
비틀즈와 같은 많은 백인 뮤지션들에게 영향을 끼쳤다.
이 음악은 부드러운 베이스의 저음 진행이 특징이며 나레이션으로 시작하는 것도
매우 특이한 형태라고 볼 수 있다.
코러스의 화음도 뛰어나고 가창력도 뛰어나다.
백인들이 도저히 낼 수 없는 흑인 특유의 음색이 멋지다.

Kiss and say Goodbye

2.14.A. 한글 부분

오늘이 내 인생에서 가장 슬픈 날이 되어버렸어
조금 안 좋은 소식 때문에 당신을 오늘 여기로 불렀어
이제 당신을 더 이상 볼 수 없을 것 같아
당신이 갖고 있는 연관이나 나의 의무 때문에
우리가 여기에서 하루도 빠지지 않고 만나왔지만
오늘이 우리가 함께 하는 마지막 날이야
당신을 꼭 한 번만 더 안아보고 싶어
돌아서서 사라져갈 땐 뒤돌아 보지 말아줘
그냥 오늘처럼 당신을 기억하고 싶어
우리 키스만하고 안녕 합시다
오늘 난 당신을 만나야만 했어. 정말 너무나 할 이야기가 많아
내가 다 끝날 때까지 중간에 막지 말아 줘
이러는 것이 나도 정말 싫어
우린 정말 여기서 오랫동안 만나 왔지
우리가 잘못한 것이 있는지 생각해 봤어
당신, 제발 울지 않을래? 우리 단지 키스만하고 헤어지자고
우리에겐 많은 세월이 스쳐 지나갔어,
좋진 않겠지만 아마 그리워할 거야
인연이 생긴 거구 당신도 그래. 이 일을 꼭 해야만 한다고 생각해
내 마음이 아파지네, 나도 좋을 순 없어,
아마도 당신은 다른 녀석을만날 거야
날 이해해 줘 그렇게 해주지 않을래? 제발, 제발…
우리 그냥 키스만하고 헤어지자고
당신을 그리워하게 될 거야, 거짓말이 아냐. 날 이해해줘,
그렇게 할 수 있지?
마음이 아파지네, 거짓말이 아냐. 내 손수건으로 눈을 닦아
아마 당신도 찾을 거야, 또 다른 남자를 찾게 될 거야

2.14.A-1. 영작 1단계 - 문장 찾기와 여러 개로 구분하기

1	오늘이 내 인생에서 가장 슬픈 날이 되어버렸어
2	조금 안 좋은 소식 때문에 당신을 오늘 여기로 불렀어
3	이제 당신을 더 이상 볼 수 없을 것 같아
4	당신이 갖고 있는 연관이나 나의 의무 때문에
4-1	우리가 여기에서 하루도 빠지지 않고 만나왔지만
4-2	오늘이 우리가 함께 하는 마지막 날이야
5	당신을 꼭 한번만 더 안아보고 싶어
6	돌아서서 사라져갈 땐
6-1	뒤돌아 보지 말아줘
7	그냥 오늘처럼 당신을 기억하고 싶어
8	우리 키스만하고 안녕 합시다
9	오늘 난 당신을 만나야만 했어
10	정말 너무나 할 이야기가 많아
11	중간에 막지 말아줘
11-1	내가 다 끝날 때까지
12	이러는 것이
12-1	나도 싫어
13	우린 정말 여기서 오랫동안 만나왔지
14	생각해 봤어
14-1	우리가 한 것이
14-2	잘못된 건지
15	당신 정말 울지 않을래?
16	우리에겐 많은 세월이 스쳐 지나갔어
17	당신이 그리울 거야
17-1	좋진 않겠지만

18	인연이 생긴거구
18-1	당신도 그래
19	나는 생각해
19-1	이 일을 꼭 해야만 한다고
20	내 마음이 아파지네
21	나도 좋을 순 없어
22	아마도 당신은 다른 녀석을 만나겠지
23	이해해줘
24	그렇게 해주지 않을래?
25	당신을 그리워하게 될 거야
26	손수건으로 눈물을 닦아
27	당신은 다른 녀석을 찾게 될 거야

2.14.A-2. 영작 2단계 – 주어, 동사 찾기와 동사의 시제 결정하기

1	오늘이 되었어	현재
2	내가 불렀어	현재
3	할 수 없을 거야	미래
4	내가 가지고 있는	현재
4-1	우리가 쭉 만나왔지만	현재완료 진행
4-2	오늘이 ~이야	현재
5	나는 싶어	현재
6	당신이 돌아서고 걸어서 가고	현재

6-1	뒤돌아 보지 말아줘	현재
7	싫어	현재
8	합시다	현재
9	난 해야만 했어	과거
10	~있어	현재
11	막지 말아줘	현재
11-1	내가 ~일때가지	현재
12	이 것이 이야	현재
12-1	나도 싫어	현재
13	우린 정말 오랫동안 만나왔지	현재완료진행
14	생각해 봤어	현재
14-1	우리가 한 것이	현재완료
14-2	~였지	과거
15	당신 정말 울지 않을래?	현재
16	많은 세월이 지나갔어	과거
17	그리울 거야	미래
17-1	거짓말이 아니야	현재
18	나에겐 생긴 거구	현재완료
18-1	당신도 그래	현재
19	나는 생각해	현재
19-1	이 것이 ~이야	현재
20	~하게 될 거야	현재진행
21	나도 좋을 순 없어	현재
22	아마도 당신은 만나겠지	미래
23	이해해줘	현재

24	그렇게 해주지 않을래?	현재
25	그리워하게 될 거야	미래
26	가져 (손수건을)	현재
27	당신은 찾게 될 거야	미래

2.14.A-3. 영작 3단계 – 문장 형식 결정하기

1	오늘이 내 인생에서 가장 슬픈 날이 되어버렸어	P3
2	조금 안 좋은 소식 때문에 당신을 오늘 여기로 불렀어	P3
3	이제 당신을 더 이상 볼 수 없을 것 같아	P2
4	당신이 갖고 있는 연관이나 나의 의무 때문에	P3
4-1	우리가 여기에서 하루도 빠지지 않고 만나왔지만	P1
4-2	오늘이 우리가 함께 하는 마지막 날이야	P2
5	당신을 꼭 한번만 더 안아보고 싶어	P3
6	돌아서서 사라져갈 땐	P1
6-1	뒤돌아 보지 말아줘	P1
7	그냥 오늘처럼 당신을 기억하고 싶어	P3
8	우리 키스만하고 안녕 합시다	P5
9	오늘 난 당신을 만나야만 했어	P3
10	정말 너무나 할 이야기가 많아	P2
11	중간에 막지 말아줘	P3
11-1	내가 다 끝날 때까지	P2
12	이러는 것이	P2
12-1	나도 싫어	P3
13	우린 정말 여기서 오랫동안 만나왔지	P1

14	생각해 봤어	P3
14-1	우리가 한 것이	P3
14-2	잘못된 건지	P2
15	당신 정말 울지 않을래?	P1
16	우리에겐 많은 세월이 스쳐 지나갔어	P1
17	당신이 그리울 거야	P3
17-1	좋진 않겠지만	P2
18	인연이 생긴거구	P3
18-1	당신도 그래	P3
19	나는 생각해	P3
19-1	이 일을 꼭 해야만 한다고	P2
20	내 마음이 아파지네	P3
21	나도 좋을 순 없어	P1
22	아마도 당신은 다른 녀석을 만나겠지	P3
23	이해해줘	P3
24	그렇게 해주지 않을래?	P3
25	당신을 그리워하게 될 거야	P3
26	손수건으로 눈물을 닦아	P3
27	당신은 다른 녀석을 찾게 될 거야	P3

2.14.A-4 영어의 Pattern 순서로 위치 변경

no	S	V	C or O	O or C	P#
1	이것이	버렸어	되어 -가장 슬픈 날	-내 인생의	3
2	내가	불렀어	당신을	-여기에 -오늘 -조금 안 좋은 소식 때문에	3
3	나	없을 거 같아	할 수	-보는 것이 -당신을 -더 이상	2
4	-때문에 -나의 의무 -연관(4-1) 우리는	쭉 만나왔지	-여기서 -매일		1
4-1	당신이	갖고 있는			3
4-2	이것이	이야	우리의 마지막 날	-함께	
5	(나는)	싶어	안아보고	-꼭 한번 더	3
6	-때 당신이	돌아서 사라져 갈 때			1 1
6-1	당신은	돌아보지 마			1
7	나는	싶어	기억을 -당신을	-오늘처럼	3
8		합시다	우리	-그냥 키스만	5

				-그리고 말하고 -안녕	
9	나는	해야만 했어	만나야만	-당신을 -여기서 오늘	3
`10	가인칭	있어	너무나 많이	-할 말이	2
11	(당신은)	막지 말아줘	나를	-까지(11-1)	3
11-1	내가	일 때	다 끝나버린		2
12	이것은	이야	조금(12-1)		2
12-1	나는	싫어	하기가		3
13	우리는	만나왔지	-여기서	-정말 오랫동안	1
14	나는	생각해봤어	14-1		3
14	무엇(14-1)	있었다	잘못되게		2
14-1	우리가	해 왔던 일			3
15	당신	울지마			1
16	많은 날들이	지나가 버렸어	우리 옆으로		3
17	나는	할 거야	그리울	-당신을	3
17-1	나는	좋을 수 없어	17		3
18	나는	생긴 거야	인연이		3
18-1	당신도	그래	그렇게		3
19	나는	생각해	19-1		3
19-1	이것은	이야	일들	-해야만 하는	2
20	이것은	하게 될 거야	아프게	-나를	1

21	나는	좋아할 수 없어	(헤어지는 걸)		3
22	-아마도 우리는	만날 거야			1
23	(당신은)	이해해	나를		3
24	당신은	하지 않을래		의문문	3
25	나는	하게 될 거야	그리워지게	-당신을	1
26	(당신은)	갖고 닦아	내 손수건을 당신의 눈물을		3 3
27	-아마도 당신은	찾게 될 거야	다른 남자를		3

2.14.B. 영어 부문

Kiss and say Goodbye

This has got to be the saddest day of my life
I called you here today for a bit of bad news,
I wouldn't be able to see you anymore
Because of my obligation and the ties that you have,
we've been meeting here every day and since
This is our last day together.
I wanna hold you just one more time.
When you turn and walk away, don't look back
I wanna remember you just like this
Let's just kiss and say goodbye
I had to meet you here today.
There is just so many things to say
Please don't stop me till I'm through.
This is something I hate to do
We've been meeting here so long
I guess what we've done was wrong
Please darling, don't you cry.
Let's just kiss and say goodbye
Many months have passed us by.
I'm gonna miss you I can't like
I've got ties and so do you.
I just think this is the thing to do
It's gonna hurt me, I can't like, maybe you'll meet.
Understand me. won't you try, try, try...?
Let's just kiss and say goodbye
I'm gonna miss you, I can't lie. Understand me.
Won't you try. It's gonna hurt me, I can't lie.
Take my handkerchief and wipe your eyes.
Maybe you'll find, you'll find another guy.
Let's just kiss and say goodbye.

(* 읽기 목표 시간 – 65초)

2.14.B-1 번역 1단계 - 문장 구분하기

1	This has got to be the saddest day of my life
2	I called you here today for a bit of bad news
3	I wouldn't be able to see you any more because of my obligation and the ties
3-1	that you have
4	We have been meeting here everyday
4-1	since this is our last day together
5	I wanna hold you just one more time
6	When you turn and walk away
6-1	don't look back
7	I wanna remember you just like this
8	Let us just kiss and say Goodbye
9	I had to meet you here today
10	There is just so many things to say
11	Please don't stop me
11-1	till I am through
12	This is something
12-1	I hate to do
13	We have been meeting here so long
14	I guess
14-1	(14-2) was wrong
14-2	what we have done
15	Please darling you don't cry
16	Many months have passed us by
17	I am gonna miss you
18	I can't like

19	I have got ties
19-1	and so do you
20	I just think
20-1	this is the thing to do
21	It is gonna hurt me
22	I can't like
23	Maybe you will meet
24	Won't you try?
25	I am gonna miss you
26	I can't lie
27	Understand me
28	Take my handkerchief
28-1	wipe your eyes
29	Maybe you will find another guy

2.14.B-2 번역 2단계 – 주어, 동사 찾기와 동사 시제 파악

1	This has got	현재완료
2	I called	과거
3	I wouldn't be	가정법과거
3-1	that you have	현재
4	We have been meeting	현재완료진행
4-1	since this is	현재
5	I want	현재

6	When you turn	현재
	and walk away	현재
6-1	don't look back	현재
7	I want	현재
8	Let	현재
9	I had	과거
10	There is	현재
11	Please don't stop	현재
11-1	till I am	현재
12	This is	현재
12-1	I hate	현재
13	We have been meeting	현재완료 진행
14	I guess	현재
14-1	(14-2) was	과거
14-2	what we have done	현재완료
15	Please darling you don't cry	현재
16	Many months have passed us by	현재완료
17	I am going	현재진행
18	I can't like	현재
19	I have got	현재완료
19-1	And so do you	현재
20	I just think	현재
20-1	this is	현재
21	It is going	현재진행
22	I can't like	현재
23	Maybe you will meet	미래
24	Won't you try?	미래

25	I am going	현재진행
26	I can't lie	현재
27	Understand	현재
28	Take	현재
28-1	wipe	현재
29	Maybe you will find	미래

2.14.B-3 번역 3단계 – 문장 형식 결정하기

1	This has got to be the saddest day of my life	P3
2	I called you here today for a bit of bad news	P3
3	I wouldn't be able to see you any more because of my obligation and the ties	P2
3-1	that you have	P3
4	We have been meeting here everyday	P1
4-1	since this is our last day together	P2
5	I wanna hold you just one more time	P3
6	When you turn	P1
	and walk away	P1
6-1	don't look back	P1
7	I wanna remember you just like this	P3
8	Let us just kiss and say Goodbye	P5
9	I had to meet you here today	P3
10	There is just so many things to say	P2
11	Please don't stop me	P3
11-1	till I am through	P2
12	This is something	P2

12-1	I hate to do	P3
13	We have been meeting here so long	P1
14	I guess	P3
14-1	(14-2) was wrong	P2
14-2	what we have done	P3
15	Please darling you don't cry	P1
16	Many months have passed us by	P1
17	I am gonna miss you	P1
18	I can't like	P3
19	I have got ties	P3
19-1	and so do you	P3
20	I just think	P3
20-1	this is the thing to do	P2
21	It is gonna hurt me	P1
22	I can't like	P3
23	Maybe you will meet another guy	P3
24	Won't you try?	P1
25	I am gonna miss you	P1
26	I can't lie	P1
27	Understand me	P3
28	Take my handkerchief	P3
28-1	wipe your eyes	P3
29	Maybe you will find another guy	P3

2.14.B-4. 번역 4단계 - 복문장의 경우 문장과 문장간의 관계 파악

1	I wouldn't be able to see you any more because of my obligation and the ties	
1-1	that you have	1번 my obligation and ties를 설명 -At형
4	We have been meeting here everyday	
4-1	since this is our last here everyday	4번 문장에 대한 조건을 설명 -Dw형
6	When you turn and walk away	
6-1	don't look back	6번 조건에 대한 결과의 문장 -It형
11	Please don't stop me	
11-1	till I am through	11번 문장에 대한 조건 -Dw형
12	This is something	
12-1	I hate to do	12번 something을 설명 -At형
14	I guess	
14-1	(14-2) was wrong	14번 guess의 목적어, 즉 목적절 -Fp33형
14-2	what we have done	14-1문장의 주어 문장, 즉 주절 -Fp21
19	I have got ties	
19-1	and so do you	19번 문장에 이은 연결 문장 -Pr형

20	I just think	
20-1	this is the thing to do	20번 think의 목적어 -Fp33형
28	Take my handkerchief	
28-1	wipe your eyes	28번 문장에 이어지는 문장 -Pr형

* Fp44, Fp33, At형은 복문장의 7가지 형태 중 한가지를 의미

  (필자의 저서 '복문장영작의 모든 것' 참고)

2.14.B-5 Pattern의 순서로 분리

no	S	V	C or O	O or C	P#
1	**This**	**has got**	**to be** -the saddest day of my life		3
2	**I**	**called**	**you**	-here -today -for a bit of bad news	3
3	**I**	**wouldn't be**	**able** -to see -you	-any more -because of my obligation and the ties(3-1)	2
3-1	-that **you**	**have**			3
4	**We**	**have been meeting**	-here -everyday	-and	1
4-1	since **this**	**is**	**our last day** -together		2
6	**I**	**wanna** **(want to)**	**hold** -you	-just -one more time	3

7	-When you	turn and walk away			1 1
7-1	(you)	don't look back			1
7-2	I	wanna (want to)	remember -you	-just -like this	3
8	(you)	Let	us	-just (to) kiss and (to) say -Goodbye	5
9	I	had	to meet -you	-here -today	3
10	There	is	-just so many things	-to say	2
11	-Please (you)	Don't stop	me		3
11-1	-till I	am	through		2
12	This	is	something (12-1)		2
12-1	I	hate	to do		3
13	We	have been meeting	-here -so long		1
14	I	guess	14-1		3
14-1	(14-2)	was	wrong		2

14-2	-what **we**	**have done**			3
15	-Please -darling **(you)**	**don't**	**cry**		1
16	**(you)**	**Let**	**us**	-just **(to) kiss** and **(to) say** -Goodbye	5
17	**Many months**	**have passed**	**us**	**by**	3
18	**I**	**am gonna (going to)**	miss -you		1
19	**I**	**can't like**	**(18)**		3
20	**I**	**have got**	**ties**		3
20-1	-and **so**	**do**	**you**	You do so 의 도치형	도치 3
21	**I**	-just **think**	**21-1**		3
21-1	**this**	**is**	**the thing** -to do		2
22	**It**	**is gonna (going to)**	hurt -me		1
23	**I**	**can't like**	**(22)**		3
24	-Maybe **you**	**will meet**			3

25	Won't	you try?	(24)		3
26	I	am gonna (going to)	miss -you		1
27	I	can't lie	26		3
28	(you)	understand	me		3
29	(you)	Take	my handkerchief		3
29-1	(you)	wipe	your eyes		3
30	-Maybe you	will find	another guy		3

2.14.C. 문장 분석

I guess what we've done was wrong.
의역 -> 우리가 무엇을 잘못해는 지 생각해봤어
직역 -> 나는 생각해 우리가 해왔던 것이 잘못이었는지

- 3개의 문장으로 구성
-

1) 번 문장 – I guess (주어 + 동사 + 동사의 목적어) 3형식 현재문장
'guess' '생각하다' 혹은 '짐작하다'의 말로 동사의 목적어가 있어야 하는 말로 여기서는 3번 문장이 목적어로 온 것이다. 목적어가 문장인 경우 '목적절'이라고 한다.

2) 번 문장 – what we have done
(주어 + 동사 +동사의 목적어) 3형식 현재완료의 문장
'우리가 무엇을 해 왔는지' 뜻인 이 문장은 일종의 의문문으로 이러한 경우를 '간접 의문문'이라고 하고 다른 문장과 합쳐 사용하기 때문에 직접 의문문이 아니다. 여기서는 의문문의 내용이 3번 문장의 주어로 사용되었다. 'what'은 관계대명사가 된다. 이 경우 이 문장이 주어의 위치에서 사용되었다고 하여 '주절'이라고 한다.

3) 번 문장 – 2번 문장 was wrong.
(주어 + 동사 + 주어에 대한 설명) 2형식 과거의 문장
2번 문장 전체가 주어의 위치에 온 것이다.

2.15 And I love you so

싱어송 라이터인 Don Mclean이 작사 작곡하고 Perry Como가 불러서 히트한
매우 부드럽고 아름다운 사랑의 발라드이다.
발라드는 원래 슈베르트의 음악처럼 낭만파 시대의 음악 중에서
느린 사랑의 음악을 뜻하는데 대중음악에서는
주로 Slow GoGo, Slow Rock 종류의 음악이다.
Don Mclean은 바로 뒤에 소개되는 Vincent를 작곡한 뮤지션으로
매우 지적이고 섬세하며 낭만적인 가사와 노래를 작곡하는 뮤지션이다.
Perry Como 역시 매우 부드러운 음색으로 이 노래를 불렀는데
당시 앤디 윌리엄스, 팻분, 프랭크 시나트라 등의 가수들은
클래식의 성악 발성에 아름다운 미성으로 노래를 부르는 것이
대중음악의 주류였다. 이러한 점이 완전히 흑인 음악과 대별되는 것이었다.
그러다 로큰롤 시대에 접어들면서 백인들도 흑인들의 춤과 음악을
부르기 시작하였고 인종차별이 해소되면서 점차
백인들의 음악인 컨트리 웨스턴과 블루스가 섞이게 된 것이다.
재즈는 이러한 가운데 연주 중심의 독특한 형태로 계속 발전되어 오다가
여러 장르의 음악이 섞이게 되면서 퓨전음악 시대를 열게 되고
지금은 완전히 클래식과 대중음악 사이의 한 장르로 자리잡게 되었다.
'And I love you so' 이 노래는 대표적인 Perry Como의 히트작으로
원래는 Don Mclean이 부른 이 노래를 2년 후 Perry Como가 다시 불러
그의 부드러운 음성으로 부른 이 노래가 더 히트하여 마치 그의 노래처럼
되었고 특히 영국에서는 수개월간 1위 순위를 유지하였다.
Perry Como는 이발소에서 아르바이트를 하면서 가수의 꿈을 키우다가
뮤지컬 가수로 발탁되어 명성을 날리고 후에 전업 가수가 되었다.
이 노래는 멜로디가 워낙 아름다워 기타나 피아노로 연주하면서 부르면
매우 낭만적으로 들리는 곡이다. 화성도 어렵지 않고 리듬도 단순하여
초보 시절에 배워 연주하기에 좋다.
단 쉽기 때문에 조금이라도 틀리면 금방 티가 나므로 오히려
더 어렵다고 할 수 있나?

2.15.A 한글 부분

And I love you so

그래요 난 당신을 무척 사랑하오
사람들은 물어요 지금까지 어떻게 살아왔냐고
나는 그 사람들에게 대답한다오. 나도 모르겠다고
나는 그 사람들이 이해할 거라구 생각하오
얼마나 외로운 삶이 있었던 것에 대해
그러나 인생은 이제 다시 곧 시작했다오
당신이 내 손을 잡고 이끈 바로 그날부터
그래요, 맞아요
나는 안다오 얼마나 인생이 외로울 수 있는지
그림자들이 나를 따라다닌다오
그리고 밤은 나를 자유롭게 하지 않을 것이고
그러나 나는 이 밤을 실망시키지 않을 것이라오
지금 당신이 내 옆에 있어주는 이상
그래요, 당신도 역시 나를 사랑하지요
당신의 생각들은 오로지 나만을 위해서 존재하지요
당신은 나의 영혼을 자유롭게 한다오
나는 당신이 그렇게 해주기 때문에 행복할 수 있는 것이라오
인생의 책은 간단하다오
일단 한 장은 읽혀졌지 않았소
사랑을 뺀 모든 것은 죽은 것이라오
그것이 나의 믿음이오

2.15.A-1. 영작 1단계 - 문장 찾기와 여러 개로 구분하기

1	당신을 무척 사랑해요
2	사람들은 물어요
2-1	지금까지 어떻게 살아왔냐고
3	나는 그 사람들에게 대답한다오
3-1	나도 모르겠다고
4	나는 생각하오
4-1	그 사람들이 이해할 거라고
4-2	얼마나 외로운 삶이 있었던 것에 대해
5	인생은 다시 시작했다오
5-1	당신이 내 손을 잡은 그날
6	그래요 나는 알아요
6-1	얼마나 인생이 외로울 수 있는지
7	그림자들이 나를 따라다닌다오
8	밤은 나를 자유롭게 하지 않을 것이고
9	그러나 나는 이 밤이 나를 실망시키지 않게 할 것이고
10	지금 당신이 내 옆에 있어주는 이상
11	당신도 역시 나를 사랑하지요
12	당신의 생각들은 오로지 나만을 위해 존재하지요
13	당신은 나의 영혼을 자유롭게 한다오
14	나는 행복한 것이라오
14-1	당신이 그렇게 해주기 때문에
15	인생의 책은 간단하오
16	일단 한 장은 읽혀졌지 않았소
17	사랑을 뺀 모든 것은 죽은 것이라오
18	그것이 나의 믿음이오

2.15.A-2. 영작 2단계 - 주어, 동사 찾기와 동사의 시제 정하기

1	사랑해요	현재
2	사람들은 물어요	현재
2-1	지금까지 어떻게 살아왔냐고	현재완료
3	나는 말해요	현재
3-1	나도 모르겠다고	현재
4	나는 생각하오	현재
4-1	그 사람들이 이해할 거라고	현재
4-2	얼마나 외로운 삶이 있었던 것에 대해	현재완료
5	인생은 다시 시작했다오	과거
5-1	당신이 잡은	과거
6	그래요 나는 알아요	현재
6-1	얼마나 인생이 외로울 수 있는지	현재
7	그림자들이 따라다닌다오	현재
8	밤이 하지 않을 것이고	미래
9	나는 하지 않게 합니다	현재
10	당신이 있어	현재
11	당신도 사랑하지요	현재
12	당신의 생각들은 존재하지요	현재
13	당신은 하게 한다오	현재
14	나는 ~합니다	현재
14-1	당신이 그렇게 해주기 때문에	현재
15	인생의 책은 ~입니다	현재
16	일단 한 장은 읽혀졌지 않았소	현재
17	사랑을 뺀 모든 것은 죽은 것이라오	현재
18	그것이 나의 ~이오	현재

2.15.A-3. 영작 3단계 - 문장 형식 결정하기

1	당신을 무척 사랑해요	P3
2	사람들은 물어요	P4
2-1	지금까지 어떻게 살아왔냐고	P1
3	나는 그 사람들에게 대답한다오	P4
3-1	나도 모르겠다고	P3
4	나는 생각하오	P3
4-1	그 사람들이 이해할 거라고	P3
4-2	얼마나 외로운 삶이 있었던 것에 대해	P2
5	인생은 다시 시작했다오	P1
5-1	당신이 내 손을 잡은 그날	P3
6	그래요 나는 알아요	P3
6-1	얼마나 인생이 외로울 수 있는지	P2
7	그림자들이 나를 따라다닌다오	P3
8	밤은 나를 자유롭게 하지 않을 것이고	P5
9	그러나 나는 이 밤이 나를 실망시키지 않게 할 것이고	P5
10	지금 당신이 내 옆에 있어주는 이상	P1
11	당신도 역시 나를 사랑하지요	P3
12	당신의 생각들은 오로지 나만을 위해 존재하지요	P1
13	당신은 나의 영혼을 자유롭게 한다오	P5
14	나는 행복한 것이라오	P2
14-1	당신이 그렇게 해주기 때문에	P3
15	인생의 책은 간단하오	P2
16	일단 한 장은 읽혀졌지 않았소	P1
17	사랑을 뺀 모든 것은 죽은 것이라오	P2
18	그것이 나의 믿음이오	P2

2.1.15.A-4 영어의 Pattern 순서로 위치 변경

no	S	V	C or O	O or C	P#
1	-그래요 난	사랑해요	당신을	-무척	3
2	사람들은	물어요	2-1		3
2-1	-어떻게 내가	살아왔는지	-지금까지		1
3	나는	말해요	그 사람들에게	3-1	4
3-1	나는	몰라요			3
4	나는	생각하오	3-1		3
4-1	그 사람들이	이해합니다	3-2		3
4-2	-얼마나 외로운 삶이	있었어요			1
5	-그러나 인생은	시작했다오	-다시	-그날(6-1)	1
5-1	당신이	잡았어요	내 손을		3
6	-그래요 -맞아요 나는	알아요	7-1		3
6-1	-얼마나 외로운 인생이	있을 수 있는지			1
7	그림자들이	따라다닌다오	나를		3
8	밤은	하지 않을 거에요	나를	자유롭게	5

9	-그러나 나는	하지 않습니다	밤이	실망시키게 -나를	5
10	-이상 당신이	있어요	내 옆에		1
11	-그래요 당신도	사랑합니다	나를	-역시	3
12	당신의 생각들은	존재합니다	-바로 나를 위해		1
13	당신은	해요	나의 영혼을	자유롭게	5
14	나는	있는 것이라오	행복하게		2
14-1	당신이	해주기 때문에	그렇게		3
15	인생은	하오	간단		2
16	-일단 한 장은	읽혀졌소			1
17	모든 것 -사랑을 뺀	죽은 것이라오			1
18	그것이	이오	나의 믿음		2

2.15.B. 영어 부문

And I love you so

And I love you so.
The people ask me how I've lived till now.
I tell them I don't know.
I guess they understand how lonely life has been.
But life began again the day you took my hand.

And yes,
I know how lonely life can be.
The shadows follow me.
And the night won't set me free.
But I don't let the evening get me down.
Now that you're around me.

And you love me too.
Your thoughts are just for me.
You set my spirit free.
I'm happy that you do.
The book of life is brief.
And once a page is read.
All but love is dead.
That is my belief.

(* 읽기 목표 시간 – 32초)

2.15.B-1 번역 1단계 – 문장 구분하기

1	And I love you so
2	The people ask me
2-1	how I have lived till now
3	I tell them
3-1	I don't know
4	I guess
4-1	they understand
4-2	how lonely life has been
5	But life began again the day
5-1	you took my hand
6	And yes, I know
6-1	how lonely life can be
7	The shadows follow me
8	And the night won't set me free
9	But I don't let the evening get me down
10	Now that you are around me
11	And you love me too
12	You thoughts are just for me
13	You set my spirit free
14	I am happy
14-1	that you do
15	The book of life is brief
16	All once a page is read
17	All but love is dead
18	That is my belief

2.15.B-2 번역 2단계 – 주어, 동사 찾기와 동사 시제 정하기

1	I love	현재
2	The people ask	현재
2-1	how I have lived	현재완료
3	I tell	현재
3-1	I don't know	현재
4	I guess	현재
4-1	they understand	현재
4-2	how lonely life has been	현재완료
5	But life began	과거
5-1	you took	과거
6	And yes, I know	현재
6-1	life can be	현재
7	The shadows follow	현재
8	And the night won't set	Alfo
9	But I don't let	현재
10	Now that you are	현재
11	And you love	현재
12	You thoughts are	현재
13	You set	현재
14	I am	현재
14-1	that you do	현재
15	The book of life is	현재
16	All once a page is read	현재
17	All but love is	현재
18	That is	현재

2.15.B-3 번역 3단계 – 문장 형식 결정하기

1	And I love you so	P3
2	The people ask me	P4
2-1	how I have lived till now	P1
3	I tell them	P4
3-1	I don't know	P3
4	I guess	P3
4-1	they understand	P3
4-2	how lonely life has been	P2
5	But life began again the day	P1
5-1	you took my hand	P3
6	And yes, I know	P3
6-1	how lonely life can be	P2
7	The shadows follow me	P3
8	And the night won't set me free	P5
9	But I don't let the evening get me down	P5
10	Now that you are around me	P1
11	And you love me too	P3
12	You thoughts are just for me	P1
13	You set my spirit free	P5
14	I am happy	P2
14-1	that you do	P3
15	The book of life is brief	P2
16	All once a page is read	P1
17	All but love is dead	P2
18	That is my belief	P2

2.8.15-4. 번역 4단계 - 복문장의 경우 문장과 문장간의 관계 파악

2	The people ask me	
2-1	How I have lived till now	2번 ask의 두번째 목적어 즉 제2목적절 -Fp44형
3	I tell them	
3-1	I don't know	3번 tell의 두번째 목적어. 즉 제2목적절 -Fp44형
4	I guess	
4-1	They understand	4번 guess의 목적어, 목적절 -Fp33형
4-2	How lonely life has been	4-1번 understand의 목적어, 목적절 -Fp33형
5	But life began again the day	
5-1	You took my hand	5번 the day를 설명하는 말 -At형
6	I know	
6-1	How lonely life can be	6번 know의 목적어, 즉 목적절 -Fp33형
14	I am happy	
14-1	That you do	14번 happ를 설명하는 말 -At형

* Fp44, Fp33, At형은 복문장의 7가지 형태 중 한가지를 의미

　(필자의 저서 '복문장영작의 모든 것' 참고)

2.15.B-5 Pattern의 순서로 분리

no	S	V	C or O	O or C	P#
1	-And I	love	you	so	3
2	The people	ask	me	2-1	4
2-1	-how I	have lived	-till now		1
3	I	tell	them	3-1	4
3-1	I	don't know	(2-1)		3
4	I	guess	4-1		3
4-1	they	understand	4-2		3
4-2	-how lonely life	has been			1
5	-But life	began	-again the day (5-1)		1
5-1	you	took	my hand		3
6	-And -yes I	know	6-1		3
6-1	-how lonely life	can be			2
7	The shadows	follow	me		3

8	-And **the night**	won't set	me	free	5
9	-But **I**	don't let	the evening	(to) get -me -down	5
10	-Now that **you**	are	around me		1
11	-and **you**	love	me	-too	3
12	**Your thoughts**	are	-just -for me		1
13	**You**	set	*my spirit*	*free*	5
14	**I**	am	*happy*(14-1)		2
14-1	-that **you**	do			3
15	**The book of life**	is	*brief*		2
16	-All -once **a page**	is read			1
17	**All** -but love	is dead			1
18	**That**	is	*my belief*		2

2.15.C. 영어문장 분석 부문

The people ask me how I've lived till now.
의역 -〉 사람들은 나에게 어떻게 지금까지 살아왔는지 물어요

- 2개의 문장으로 구성
    1) 번 문장 - **The people ask me** + 2)번 문장
        (주어 + 동사 + 첫 번째 목적어 + 두 번째 목적어) 4형식 현재형
        동사의 목적어가 2개가 존재할 때는 대개 첫번째 목적어가 사람일 경우가 많다. 문법에서는 첫 번째 목적어를 '간접목적어 두 번째 목적어를 '직접목적어'라고 하는데 아마도 첫 번 목적어는 생략해도 문장이 성립하지만 두 번째 목적어는 생략하면 문장 성립이 되지 않기 때문에 붙여진 이름으로 보이지만 2개의 목적어가 동시에 존재할 때는 중요한 순으로 나열을 하는 것이 영어 순서의 원리이다.
        여기서는 두 번째 목적어가 단어로 오지 않고 2)번의 문장으로 온 것이다. 그러므로 이러한 문장을 '목적절'이라고 한다. 좀 더 세분화하여 이야기하면 '직접 목적절'이라고 할 수 있다.

    2) 번 문장 - **How I have lived till now.**
        (주어 + 동사) 1형식 현재완료의 문장
        현재완료이므로 '쭉 살아왔다'는 의미이다. 이 문장은 기본적으로 의문문 형태의 문장인데 의문문이 다른 문장의 일부로 사용되었기 때문에 '간접의문문'이라고 할 수 있다.

        예를 들면 다음의 문장도 '간접 의문문'이다.
        The people don't know how I have lived.
        의역 -〉 사람들은 내가 어떻게 살아왔는지 모른다.

2.16 Vincent

싱어송 라이터인 Don Mclean이 작사, 작곡하고 직접 부른 곡이다.
그는 매우 지적이고 예술을 사랑하는 뮤지션으로 많은 여성으로부터
사랑을 받았다.
이 노래는 그가 빈센트 반 고호의 미술작품 'Starry Night'를 보고 감명을 받아
그의 고뇌와 작품에 담겨진 그의 삶을 서정성 있는 가사로 풀어냈다.
이 가사를 읽어보면 완전히 그 작품을 이해하고 해석한 것을 알 수 있다.
가사가 길기 때문에 한편의 시라기 보다 수필에 가깝다.
흑인 여가수 Roberta Flack은 그가 부른 이 노래에 반하여
'Killing me softly with his song'을 작곡하고 노래를 불렀다고 한다.

미국으로 이민 온 이탈리아 가정에서 태어난 Don Mclean은 16살 때부터
기타를 치면서 포크음악에 빠지게 되었고 결국 자신만의 음악 세계를 구축하면서
연주와 노래 그리고 작곡을 병행하게 된다.
그의 대표작은 Vincent와 더불어 American Pie가 꼽히는데
미국 이민 생활의 고단함과 부조리를 담고 있는 아주 멋진 포크 음악이다.
그의 음악은 이탈리아의 가곡과 같은 유럽 음악의 영향을 많이 받았고
프랑스의 샹송처럼 읊조리는 듯한 가사의 진행과 형식
그리고 시와 같은 작사 스타일을 갖고 있다.
이 노래는 완전히 빈센트 반 고호의 '별이 빛나는 밤'의 작품에 대한
해석이기 때문에 연주보다는 가사의 내용 전달이 중요하다.
단어도 비교적 어려운 편이고 표현도 매우 시적이고 한편의 수필이다.
따라서 이 노래는 화려한 반주나 연주 그리고 가창력과 성량보다
호소력 있는 낭송하는 기분으로 차분하게 부르는 것이 좋다.
가사 내용이 워낙 좋기 때문에 기타 반주 하나만으로도 충분히
음악의 분위기를 살릴 수 있다.
노래하기 전에 고호의 삶과 '별이 빛나는 밤'의 작품에 대하여 소개를 하고
가사 내용도 미리 설명을 한 다음 이 작품을 영상으로 띄우고
가사를 보여주며 노래한다면 더욱 깊은 감상에 젖을 것이다.

2.16.A. 한글 부분

Vincent

팔레트의 파란색과 회색으로
별이 총총한 밤을 그려보세요
내 영혼 속의 어두운 것을 아는 눈으로
이 여름의 날을 들여다 보세요
눈처럼 하얀 세상에다
언덕에 생긴 그림자
나무, 수선화를, 그런 것들을 그려보세요
겨울의 쓸쓸함이나 살랑거리는 바람들을
찾아 보세요
당신이 말하려 했든 것들을 이제 이해할 것 같아요
당신이 온전하게 살기 위해 얼마나 고통 받았는지
당신이 그것들로부터 벗어나려고 얼마나 애 썼는지
사람들은 당신에게 귀 기울이지 않았죠
그들은 어떻게 하는지도 몰랐지요
하지만 지금은 이제 당신에게 귀를 기울일 겁니다.

무수한 별들이 총총하게 빛나는 밤
밝은 섬광으로 타오르는 꽃들,
보라빛 안개 속에 소용돌이치는 구름
빈센트의 푸른 눈 속에 비춰집니다.
황갈색의 농작물로 가득찬 아침 들판
고통 속에서 온갖 고초를 겪어 주름진 얼굴은

화가의 사랑스런 손으로 위로 받으며 고운 색으로 변화합니다
사람들이 당신을 사랑하지는 않았지만
비록 당신의 내면에 어떤 희망도 남겨져 있지 않았을 때도
당신의 사랑은 진실한 것이었습니다.
그렇게 유난히 별이 많았던 그 밤
서로 사랑하는 어떤 연인들처럼
당신은 당신의 생명을 가져갔습니다.
빈센트 당신에게 할 수 있는 말이 있었습니다.
당신처럼 아름다운 사람에게 세상은 아무런 의미가 없었네요.
무수히 별들이 많은 밤
세상을 바라보는 눈길이 그려진 초상화들이
이름 없는 벽에 틈도 없이 걸려 있습니다.
당신이 만난 적이 있는 누더기 옷을 걸친 초라한 남자들
그런 이상한 사람들처럼
한번도 밟지 않은 깨끗한 눈을
부수고 망가뜨리며 그 위에 놓여 있는
은색의 가시, 피 빛 한 송이 장미
이러한 것들을 잊을 수가 없습니다.

2.16.A-1. 영작 1단계 – 문장 찾기와 여러 개로 구분하기

1	별이 총총한 밤을 팔레트 파란색과 회색으로 그려보세요
2	이 여름의 날을 눈으로 들여다 보세요
2-1	내 영혼 속의 어두운 것을 아는 눈으로
3	눈처럼 하얀 세상에다 언덕에 생긴 그림자, 나무, 수선화, 그런 것들을 그려보세요
4	겨울의 쓸쓸함, 살랑거리는 바람들 찾아보세요
5	나는 이해해요
5-1	당신이 말하려 했든 것들을
6	얼마나 당신이 온전한 삶을 위해 고통 받았는지
7	얼마나 당신이 그것들을 벗어나게 하려고 노력했는지
8	사람들은 당신에게 귀 기울이지 않았죠
9	그들은 어떻게 하는 지도 몰랐지요
10	하지만 지금은 이제 당신에게 귀를 기울일 겁니다
11	별이 빛나는 밤, 밝은 섬광으로 타오르는 꽃들, 보라빛 안개 속에 소용돌이 치는 구름 빈센트의 파란눈 속에 비치는, 황갈색의 농작물로 가득찬 아침 들판 주름진 얼굴 고통 속에서 온갖 고초를 겪은 것들이 화가의 사랑스런 손으로 고운 색으로 변합니다
12	사람들이 당신을 사랑하지는 않았지만
12-1	그러나 여전히 당신의 사랑은 진실한 것이었습니다
12-2	비록 당신의 내면에 어떤 희망도 남겨져 있지 않았을 때도

13	당신은 당신의 생명을 가져갔습니다
13-1	서로 사랑하는 어떤 연인들처럼
14	그러나 빈센트 당신에게 할 수 있는 말이 있습니다
14-1	당신처럼 아름다운 사람에게 세상은 아무런 의미가 없었네요
15	팅 빈 공간 틀이 없는 이름도 없는 벽에 틀이 없이 눈길이 그려진 초상화들이 걸려 있습니다
15-1	세상을 바라보는 그 눈길이
16	이상한 사람들처럼 이러한 것들을 나는 잊을 수가 없습니다
16-1	당신이 만난 적이 있는 누더기 옷을 걸친 초라한 남자들
17	부수고 망가뜨리며 한번도 밟지 않은 깨끗한 눈 위에 은색의 가시, 피 빛 한송이 장미가 놓여 있습니다

2.16.A-2. 영작 2단계 - 주어, 동사 찾기와 동사의 시제 정하기

1	(당신은) 그려보세요	현재
2	(당신은) 들여다 보세요	현재
2-1	눈이 아는	현재
3	(당신은) 스케치 하세요	현재
4	(당신은) 찾아보세요	현재
5	나는 이해해요	현재
5-1	당신이 노력했는지	과거
6	당신이 고통 받았는지	과거
7	당신이 노력했는지	과거
8	그들은 듣지 않았을 거에요	가정법과거
9	그들은 몰랐어요	과거

10	그들은 들을 거에요	미래
11	별이 빛나는 밤, 밝은 섬광으로 타오르는 꽃들, 보라빛 안개 속에 소용돌이 치는 구름 빈센트의 파란눈 속에 비치는, 황갈색의 농작물로 가득찬 아침 들판 주름진 얼굴 고통 속에서 온갖 고초를 겪은 ----- 여기까지 전부 의미상의 주어임 변합니다	현재
12	그들은 사랑할 수 없었어요	가정법과거
12-1	당신의 사랑은 ~였습니다	과거
12-2	없는 희망이 남아있었습니다	과거
13	당신은 가져갔습니다	과거
13-1	연인들이 하듯이	현재
14	나는 말할 수 있었습니다	가정법과거
14-1	이 세상은 의미가 없었습니다	과거
15	초상화들이 걸려있습니다	과거
15-1	그 눈길이 바라보는	현재
16	나는 잊을 수가 없습니다	현재
16-1	당신이 만났던	현재완료
17	은색의 가시, 피 빛 한송이 장미가 놓여있습니다	현재

2.16.A-3. 영작 3단계 – 문장 형식 결정하기

1	별이 총총한 밤을 팔레트 파란색과 회색으로 그려보세요	P3
2	이 여름의 날을 눈으로 들여다 보세요	P3
2-1	내 영혼 속의 어두운 것을 아는 눈으로	P3
3	눈처럼 하얀 세상에다 언덕에 생긴 그림자, 나무, 수선화, 그런 것들을 그려보세요	P3
4	겨울의 쓸쓸함, 살랑거리는 바람들 찾아보세요	P3
5	나는 이해해요	P3
5-1	당신이 말하려 했든 것들을	P3
6	얼마나 당신이 온전한 삶을 위해 고통 받았는지	P3
7	얼마나 당신이 그것들을 벗어나게 하려고 노력했는지	P3
8	사람들은 당신에게 귀 기울이지 않았죠	P3
9	그들은 어떻게 하는 지도 몰랐지요	P3
10	하지만 지금은 이제 당신에게 귀를 기울일 겁니다	P3
11	별이 빛나는 밤, 밝은 섬광으로 타오르는 꽃들, 보라빛 안개 속에 소용돌이 치는 구름 빈센트의 파란눈 속에 비치는, 황갈색의 농작물로 가득찬 아침 들판 주름진 얼굴 고통 속에서 온갖 고초를 겪은 것들이 화가의 사랑스런 손으로 고운 색으로 변합니다	P1
12	사람들이 당신을 사랑하지는 않았지만	P3
12-1	그러나 여전히 당신의 사랑은 진실한 것이었습니다	P2
12-2	비록 당신의 내면에 어떤 희망도 남겨져 있지 않았을 때도	P1

13	당신은 당신의 생명을 가져갔습니다	P3
13-1	서로 사랑하는 어떤 연인들처럼	P3
14	그러나 빈센트 당신에게 할 수 있는 말이 있습니다	P4
14-1	당신처럼 아름다운 사람에게 세상은 아무런 의미가 없었네요	P1
15	팅 빈 공간 틀이 없는 이름도 없는 벽에 틀이 없이 눈길이 그려진 초상화들이 걸려 있습니다	P1
15-1	세상을 바라보는 그 눈길이	P3
16	이상한 사람들처럼 이러한 것들을 나는 잊을 수가 없습니다	P3
16-1	당신이 만난 적이 있는 누더기 옷을 걸친 초라한 남자들	P3
17	부수고 망가뜨리며 한번도 밟지 않은 깨끗한 눈 위에 은색의 가시, 피 빛 한송이 장미가 놓여 있습니다	P1

2.16.A-4 영어의 Pattern순으로 위치 변경

no	S	V	C or O	O or C	P#
1	(당신은)	그려보세요	별이 총총한 밤을	-팔레트 -파란색과 회색으로	3
2	(당신은)	들여다 보세요	-이 여름의 날을	눈으로	3
2-1	(눈이)	아는	어둠을	내 영혼 속의	3
3	(당신은)	스케치 하세요	언덕 위에 그림자, 나무, 수선화를	눈처럼 하얀 세상에다	3
4	(당신은)	찾아보세요	겨울의 쓸쓸함이 살랑거리는 바람들	-	3
5	나는	이해해요	5-1		3
5-1	-무엇을 당신이	노력했는지	말하려고		3
6	-얼마나 당신이	고통 받았는지	온전한 삶을 위해		3
7	-얼마나 당신이	노력했는지	시키려고	-그것들을 -자유롭게	3
8	그들은	듣지 않았을 거에요			3
9	그들은	몰랐어요	어떻게 하는지		3
10	-아마도 그들은	들을 거에요	-지금		3

11	별이 빛나는 밤, 밝은 섬광으로 타오르는 꽃들, 보라빛 안개 속에 소용돌이 치는 구름 빈센트의 파란눈 속에 비치는, 황갈색의 농작물로 가득찬 아침 들판 주름진 얼굴 고통 속에서 온갖 고초를 겪은		고운 색으로 변합니다 -화가의 사랑스런 손으로		1
12	-때문에 그들은	사랑할 수 없었어요	당신을		3
12-1	-그러나 -여전히 당신의 사랑은	였습니다	진실		2
12-2	-때 없는 사랑이	남았습니다	-내면에	-그렇게 유난히 -별들이 많았던 밤	1
13	당신은	가져갔습니다	당신의 삶을		3
13-1	-처럼 연인들이	-가끔 하듯이			3
14	-그러나 나는	말할 수 있었습니다	당신에게	14-1을 -Vincent	4

14-1	이 세상은	의미가 없었습니다	-한 사람에게는 -아름다운	-처럼 -당신	1
15	초상화들이	걸려있습니다	-텅빈 공간에	-틀이 없는 -이름도 없는 벽에 -눈으로(15-1)	1
15-1	그 눈길이	바라보는	세상을		3
16	그리고 나는	잊을 수가 없습니다	-처럼 이상한 사람들(16-1)		3
16-1	당신이	만났던	초라한 남자들	누더기를 걸친	3
17	은색의 가시, 피 빛 한송이 장미	놓여있습니다	-부수고 -망가뜨리고	- 위에 -한번도 밟지 않은 깨끗한 눈	1

2.16.B 영어 부문

Vincent

Starry, starry night
paint your palette blue and gray
Look out on a summer's day
with eyes that know
the darkness in my soul
Shadows on the hills
Sketch the trees and the daffodils,
Catch the breeze and the winter chills
in colors on the snowy linen land
Now I understand
what you tried to say to me
how you suffered for your sanity,
how you tried to set them free.
They would not listen.
They did not know how,
Perhaps they'll listen now.

Starry, starry night
Flaming flowers that brightly blaze,
swirling clouds in violet haze
Reflect in Vincent's eyes of china blue
Colors changing hue,
Morning fields of amber grain,
Weathered faces, lined in pain
are soothed beneath
the artist's loving hand

For they could not love you
but still, your love was true
and when no hope was left inside
on that starry, starry night
You took your life
as lovers often do
But I could've told you, Vincent
this world was never meant
for one as beautiful as you
Starry, Starry night
Portraits hung in empty halls
Frameless heads on nameless walls
with eyes that watch the world
And can't forget like the strangers
that you've met the ragged men in ragged clothes
The silver thorn, a bloody rose
lie crushed and broken on the virgin snow
Now I think I know
what you tried to say to me
how you suffered for your sanity
how you tried to set them free
They would not listen.
They're not listening still
Perhaps they never will

(* 읽기 목표 시간 – 95초)

2.16.B-1 번역 1단계 - 문장 구분하기

1	Paint starry nights your palette blue and gray
2	Look out on a summer's day with eyes that
2-1	That know the darkness in my soul
3	Shadows on the hills sketch the trees and the daffodils
4	Catch the breeze and the winter chills in colors on the snowy linen land
5	Now I understand
5-1	What you tried to say to me
6	How you suffered for your sanity
7	How you tried to set them free
8	They would not listen
9	They did not know how
10	Perhaps they will listen now
11	Starry night .. ~ line in pain are soothed beneath the artist's loving hand
12	For they could not love you
12-1	But still your love was true
12-2	When no hope was left inside on that starry night
13	Took your life
13-1	As lovers often do
14	But I could have told you, Vincent
14-1	This world was never meant for one as beautiful as you
15	Portraits hung in empty halls frameless heads on nameless walls with eyes
15-1	That watch the world
16	And can't forget like the strangers
16-1	That you have met the ragged men in ragged cloths

17	The silver thorn, a bloody rose lie crushed and broken on the virgin snow
18	Now I think
18-1	I know
18-2	What you tried to say to me

2.16.B-2 번역 2단계 - 주어, 동사 찾기와 동사의 시제 파악

1	(You) paint	현재
2	(You) look out	현재
2-1	That know	현재
3	(You) sketch	현재
4	(You) catch	현재
5	I understand	현재
5-1	you tried	과거
6	You suffered for	과거
7	You tried	과거
8	They would not listen	가정법과거
9	They did not know	과거
10	They will listen	미래
11	Starry night, ~~~~ line in pain are soothed	현재
12	They could not love	가정법과거
12-1	Your love was true	
12-2	No hope was left	과거
13	You took your life	과거
14	I could have told you	가정법과거완료

14-1	This world was never meant	과거
15	Portraits hung	과거
15-1	That watch the world	현재
16	(I) Can't forget	현재
16-1	You have met	현재완료
17	The silver thorn, a bloody rose lie	현재
18	I think	현재
18-1	I know	현재
18-2	You tried	과거

2.16.B-3 번역 3단계 - 문장의 형식 파악

1	Pain starry nights your palette blue and gray	P3
2	Look out on a summer's day with eyes that	P3
2-1	That know the darkness in my soul	P3
3	Sketch shadows on the hill, the trees and the daffodils	P3
4	Catch the breeze and the winter chills in colors on the snowy linen land	P3
5	Now I understand	P3
5-1	What you tried to say to me	P3
6	How you suffered for your sanity	P3
7	How you tried to set them free	P3
8	They would not listen	P3
9	They did not know how	P3
10	Perhaps they will listen now	P3
11	Starry night .. ~ line in pain are soothed beneath the artist's loving hand	P1

12	For they could not love you	P3
12-1	But still your love was true	P2
12-2	When no hope was left inside on that starry night	P1
13	Took your life	P3
13-1	As lovers often do	P3
14	But I could have told you, Vincent	P4
14-1	This world was never meant for one as beautiful as you	P1
15	Portraits hung in empty halls	P1
15-1	That watch the world	P3
16	And can't forget like the strangers	P3
16-1	That you have met the ragged men in ragged cloths	P3
17	The silver thorn, a bloody rose lie crushed and broken on the virgin snow	P1
18	Now I think	P3
18-1	I know	P3
18-2	What you tried to say to me	P3

2.8.16-4. 번역 4단계 - 복문장의 경우 문장과 문장간의 관계 파악

2	Look out on a summer's day with eyes that	
2-1	That know the darkness in my soul	2번 eyes를 설명하는 문장 -At형
5	Now I understand	
5-1	What you tried to say to me	5번 understand의 목적어, 목적절 -Fp33형
12	For they could not love you	
12-1	But still your love was true	12번에 이은 연결되는 나열형 문장

		-Pr형
12-2	When no hope was left inside on that starry night	12-1에 대한 조건의 문장 -Dw형
13	Took your life	
13-1	As lovers often do	13번 문장에 대한 조건의 문장 -Dw형
14	But I could have told you, Vincent	
14-1	This world was never meant for one as beautiful as you	14번 told의 목적어, 제2목적절 -Fp44형
16	Portraits hung in empty halls frameless heads on nameless walls with eyes	
16-1	That watch the world	16번 eyes를 설명하는 말. That이 관계대명사이면서 주어로 사용되었다. 이 때 eyes를 '선행사'라고 한다 -At형
17	And can't forget like the strangers	
17-1	That you have met the ragged men in ragged cloths	17번 the strangers를 설명하는 문장 -At형
18	Now I think	
18-1	I know	19번 think의 목적어, 목적절 -Fp33형
18-2	What you tried to say to me	19-1 know의 목적어, 목적절 -Fp33형

* **At, Fp33, Pr, Dw, Fp44형은 복문장의 7가지 형태 중 한가지를 의미**
 (필자의 저서 '복문장영작의 모든 것' 참고)

2.16.B-5 Pattern의 순서로 분리

no	S	V	C or O	O or C	P#
1	(You)	Paint	Starry nights -your palette	-blue and gray	3
2	(You)	Look out	-on a summer's day	-with eyes that(2-1)	1
2-1	that	know	the darkness	-in my soul	3
3	(You)	Sketch	shadows on the hills the trees and the daffodils		3
4	(Yyou)	Catch	the breeze and the winter chills	-in colors on the snowy linen land	3
5	-Now I	understand	5-1		3
5-1	-what you	tried	to say	-to me -5-2	3
6	-How you	suffered for	your sanity		3
7	-how you	tried	to set	-them -free	3
8	They	would not listen			3

9	They	did not know	how		3
10	-Perhaps they	will listen	-now		3
11	Starry night, flaming flowers that brightly blaze, swirling clouds in violet haze, reflect in Vincent's eyes of china blue, colors changing hue, morning fields of amber grain, weathered faces, line in pain		are soothed -beneath -the artist's loving hand		1
12	-For they	could not love	you		3
12-1	-but -still your love	was	true		2
12-2	-when no hope	was left	-inside	-on that starry night	1
13	You	took	your life		3
13-1	-as lovers	-often do			3
14	-But I	could have told	you	14-1 -Vincent	4

14-1	**this world**	**was never meant**	-for one as beautiful	-as -you	1
15	**Portraits**	**hung**	-in empty halls -frameless heads -on nameless walls	-with eyes(15-1)	1
15-1	**that**	**watch**	the world		3
16	-And **(I)**	**can't forget**	-like the strangers (16-1)		3
16-1	-that **you**	**have met**	the ragged men	-in ragged cloths	3
17	**The silver thorn, a bloody rose**	**lie**	-crushed -and -broken	-on the virgin snow	1
18	-Now **I**	**think**	18-1		3
18-1	**I**	**know**	18-2		3
18-2	-what **You**	**tried**	to say	-to me	3

2.16.C. 문장 분석

Now I understand what you tried to say to me,
How you suffered for your sanity, how you tried to set them free.
의역 -〉 나는 지금 이해할 수 있어요 당신이 나에게 무엇을 말하려 했는지,
　　　　얼마나 당신이 혼란 때문에 고통을 받았는지,
　　　　얼마나 당신이 그것들로부터 자유로워 지려고 했는지 말이지요

- 4 개의 문장으로 구성
    1) 번 문장 - **Now I understand** + 2 번 문장 +3 번 문장 +4 번 문장
    (주어 + 동사 + 동사의 목적어) 3 형식 현재의 문장으로 동사의 목적어가 2 번, 3 번, 4 번 3 개가 온 것이다. 이해하는 시점은 현재이고 나머지 3 개의 문장은 전부 과거이다. 즉 '당신이 과거에 했던 일들을 지금에야 내가 이해하게 되었다'는 표현

    2) 번 문장 - **what you tried to say to me.**
    (주어 + 동사 + 동사의 목적어) 3 형식 과거의 문장
    동사 try 의 목적어는 부정사 'to say'가 온 것이고 이 동사가 목적어를 필요로 하므로(동사의 의미 자체가 목적어가 없으면 말이 되지 않는다) 그 목적어는 'what'이 된다. 즉 이 문장은 의문문 형태라고 할 수 있다. 다른 문장과 결합하여 사용되었기 때문에 '간접의문문'이라고 볼 수 있으며 이 때 'what'을 '관계대명사'라고 부를 수 있다.

    3) 번 문장 - **how you suffered for your sanity.**
    (주어 + 동사 + 동사의 목적어) 3 형식 과거의 문장

    4) 번 문장 - **how you tried to set them (to) free.**
    (주어 + 동사 + 목적어 + 목적어에 대한 설명-목적보어)
    5 형식 과거의 문장이다. 'to set'에서 'set'가 오면 그 다음에 오는 동사는 'to' 없는 동사의 원형으로 사용한다.

부록1. 팝송영어 가사

All for the love of a girl

Well, today I'm so weary.
Today I'm so blue,
sad and broken-hearted.
And it's all because of you.

Life was so sweet, dear.
Life was a song.
Now you've gone and left me.
Oh, where do I belong?

And it's all for the love
Of a dear little girl.
All for the love
That sets your heart in a whirl.
I'm a man who'd give his life
And the joy of this world
All for the love of a girl.

Don't forget to remember me

Oh, my heart, won't believe
that you have left me.
I keep telling myself that it's true.
I can get over anything you want my love.
But I can't get myself over you.

Don't forget to remember me
and the love that you used to be.
I still remember you
I love you.

In my heart lies a memory
to tell the starts above.
Don't forget to remember me my love.

Oh, my wall lies a photograph of you girl
through I try to forget you somehow.
You're the mirror of my soul.
So take me out of my whole.
Let me try to go on livin' right now.

Have you ever seen the rain?

Someone told me long ago,
there is a calm before the storm.
I know, it's been coming for sometime.
When it's over, so they say,
it'll rain a sunny day.
I know, shining down like water.
I want to know.
Have you ever seen the rain
coming down on a sunny day?
Yesterday and days before
sun is cold and rain is hot.
I know, been that way for all my time.
Till forever on it goes
through the circle fast and slow.
I know, it can't stop. I wonder.
I want to know.
Have you ever seen the rain
coming down on a sunny day?.

I started a joke

I started a joke which started
the whole world crying.
But I didn't see
that the joke was on me, oh no.
I started to cry which started
the whole world laughing.
Oh, if I'd be only seen
that the joke was on me.
I looked at the skies
running my hands over my eyes.
And I fell out of bed hurting my head
from things that I'd said.
Till I finally died which started
the whole world living.
Oh, if I'd only seen
that the joke was on me.

You raise me up

When I am down
and oh my soul is so weary,
when troubles come
and my heart burdened be,
then I am still and wait here in the silence
until you come and sit awhile with me
You raise me up,
so I can stand on mountains
You raise me up to walk on stormy seas
I am strong
when I am on your shoulders
You raise me up to more than I can be.
There is no life - no life without its hunger.
Each restless heart beats so imperfectly.
But when you come
and I am filled with wonder,
sometimes, I think I glimpse eternity.

Changing partner

We were waltzing together to a dreamy melody.
When they called out "Change partners"
and you waltzed away from me.
Now my arms feel so empty.
As I gaze around the floor
and I'll keep on changing partners
till I hold you once more.
Though we danced for one moment
and soon we had to part
In that wonderful moment,
something happened to my heart.
So I'll keep changing partners
till you're in my arms and
then, oh!, my darling
I will never change partners again.

El condor pasa

I'd rather be a sparrow than a snail
Yes I would
If I could, I surely would
I'd rather be a hammer than a nail
Yes I would
If I only could, I surely would
Away, I'd rather sail away
like a swan that's here and gone
A man gets tied up to the ground
He gives the world its saddest sound
It's saddest sound
I'd rather be a forest than a street
Yes I would
If I could, I surely would
I'd rather feel the earth beneath my feet
Yes I would
If I only could, I surely would

Evergreen

Sometimes love will bloom
in the springtime
Then like flowers in summer it will grow
then fade away in the winter
when the cold wind begins to blow
But when it's evergreen, evergreen
it will last through the summer and winter too
when love is evergreen, evergreen
like my love for you
So hold my hand and tell me you'll be mine
through laughter and through tears
We'll let the whole world see
Our love will be evergreen through all the years
For when it's evergreen, evergreen
it will last through the summer and winter too
when love is evergreen, evergreen
like my love for you

For the good time

Don't look so sad
I know it's over
But life goes on and this old world keep on turning.
Let's just be glad.
We had some time to spend together.
There's no need to watch the bridges that were burning.
Lay your head up on my pillow.
Hold your warm and tender body close to mine.
Hear the whisper of the raindrops
soft against the window.
And make believe you love me
one more time for the good time.
I'll get alone, you will find another.
And I'll be here
if you should find you ever need me for the good time.
don't say a word about tomorrow or forever,
There will be time enough for sadness
when you leave me
for the good time

Boxer

I am just a poor boy though my story's seldom told
I have squandered my resistance for a pocketful of mumbles.
Such are promises all lies and jests
Still a man hears what he wants to hear and disregards the rest.
When I left my home and my family
I was no more than a boy in the quiet of the railway station
running scared, laying low, seeking out the poorer quarters
where the ragged people go
looking for the places only they would know. Lie la Lie la...
Asking only workman's wages
I come looking for a job, but I get no offers
just a come on from the whores on Seventh Avenue
I do declare, there were times when I was so lonesome
I took some comfort there. Lie la Lie ...
Then I'm laying out my winter clothes
and wishing I was gone, going home
where the New York City winters aren't bleeding me,
Leading me, going home
In the clearing stands a boxer and a fighter by his trade
And he carries the reminders
of every glove that laid him down
or cut him till he cried out
In his anger and his shame
"I am leaving, I am leaving"
But the fighter still remains

My sweet lady

Lady, are you crying?
Do the tears belong to me?
Did you think our time together was all gone?
Lady, you've been dreaming.
I am as close as I can be.
And I swear to you our time has just begun
Close your eyes and rest your weary mind
I promise I will stay right here beside you
Today our lives were joined, became entwined
I wish that you could know how much I love you
Lady, are you happy?
Do you feel the way I do?
Are there meaning, that you've never seen before
Lady, my sweet lady, I just can't believe it's true
And it's like I've never, ever loved before.
Lady, are you crying?
Do the tears belong to me?
Did you think our time together was all gone?
Lady, my sweet lady, I'm as close as I can be
And I swear to you our time has just begun.

Hey Jude

Hey Jude, don't make it bad.
Take a sad song and make it better.
Remember to let her into your heart.
then you can start to make it better.
Hey Jude, don't be afraid.
You were made to go out and get her.
The minute you let her under your skin,
then you begin to make it better.
And anytime you feel the pain,
Hey Jude, refrain, don't carry the world upon you shoulders.
For well you know that it's a fool
who plays it cool by making his world a little colder.
Hey Jude, don't let me down.
You have found her, now go and get her.
Remember to let her into your heart,
then you can start to make it better.
So let it out and let it in,
Hey Jude, begin, you're waiting for someone to perform with.
And don't you know that it's just you,
Hey Jude, you'll do.
The movement you need is on your shoulder.

How deep is your love

I know your eyes in the morning sun
I feel you touch me in the pouring rain
And the moment that you wander far from me
I wanna feel you in my arms again
And you come to me on a summer,
Breeze keep me warm in your love
then you softly leave me
And it's me you need to show
How deep is your love
How deep is your love
I really mean to learn,
cause we're livin' in a world of fools
Breakin' us down when they all should let us be,
we belong to you and me
I believe in you
You know the door to my very soul
You're the light in my deepest darkest hour
You're my savior when I fall
And you may not think I care for you
When you know down inside, I really do
And it's me you need to show

Kiss and say Goodbye

This has got to be the saddest day of my life
I called you here today for a bit of bad news,
I wouldn't be able to see you anymore
Because of my obligation and the ties that you have,
we've been meeting here every day and since
This is our last day together.
I wanna hold you just one more time.
When you turn and walk away, don't look back
I wanna remember you just like this
Let's just kiss and say goodbye
I had to meet you here today.
There is just so many things to say
Please don't stop me till I'm through.
This is something I hate to do
We've been meeting here so long
I guess what we've done was wrong
Please darling, don't you cry.
Let's just kiss and say goodbye
Many months have passed us by.
I'm gonna miss you I can't like
I've got ties and so do you.
I just think this is the thing to do
It's gonna hurt me, I can't like, maybe   you'll meet.
Understand me. won't you try, try, try…?
Let's just kiss and say goodbye
I'm gonna miss you, I can't lie. Understand me.
Won't you try.
It's gonna hurt me, I can't lie.
Take my handkerchief and wipe your eyes.
Maybe you'll find, you'll find another guy.
Let's just kiss and say goodbye.

And I love you so

And I love you so.
The people ask me how I've lived till now.
I tell them I don't know.
I guess they understand how lonely life has been.
But life began again the day you took my hand.

And yes,
I know how lonely life can be.
The shadows follow me.
And the night won't set me free.
But I don't let the evening get me down.
Now that you're around me.

And you love me too.
Your thoughts are just for me.
You set my spirit free.
I'm happy that you do.
The book of life is brief.
And once a page is read.
All but love is dead.
That is my belief.

Vincent

Starry, starry night
paint your palette blue and gray
Look out on a summer's day
with eyes that know
the darkness in my soul
Shadows on the hills
sketch the trees and the daffodils,
catch the breeze and the winter chills
in colors on the snowy linen land
Now I understand
what you tried to say to me
How you suffered for your sanity,
how you tried to set them free.
They would not listen.
they did not know how,
perhaps they'll listen now.
Starry, starry night
flaming flowers that brightly blaze,
swirling clouds in violet haze
reflect in Vincent's eyes of china blue
Colors changing hue,
morning fields of amber grain,
weathered faces, lined in pain
are soothed beneath
the artist's loving hand
For they could not love you
but still, your love was true

and when no hope was left inside
on that starry, starry night
You took your life
as lovers often do
But I could've told you, Vincent
this world was never meant
for one as beautiful as you
Starry, Starry night
Portraits hung in empty halls
frameless heads on nameless walls
with eyes that watch the world
And can't forget like the strangers
that you've met the ragged men in ragged clothes
The silver thorn, a bloody rose
lie crushed and broken on the virgin snow
Now I think I know
what you tried to say to me
How you suffered for your sanity
How you tried to set them free
They would not listen.
They're not listening still
Perhaps they never will

부록 #2 영어의 Pattern 순서로 위치 변경 (한글용)

no	S	V	C or O	O or C	P #
1					
2					
3					
4					
5					
6					
7					
8					
9					
10					
11					
12					
13					
14					

부록#3 Pattern의 순서로 분리 (영문용)

no	S	V	C or O	O or C	P#
1					
2					
3					
4					
5					
6					
7					
8					
9					
10					
11					
12					
13					
14					